First Russian

Vadim Zubakhin

First Russian Reader

(Volume 2)

bilingual for speakers of English
Level A2

LANGUAGE
PRACTICE
PUBLISHING

First Russian Reader Volume 2
by Vadim Zubakhin

Graphics: Audiolego Design
Images: Canstockphoto

Copyright © 2012 2016 Language Practice Publishing
Copyright © 2016 Audiolego
This book is in copyright. Subject to statutory exception and to the provisions of relevant collective licensing agreements, no reproduction of any part may take place without the written permission of Language Practice Publishing.

Audio tracks: www.lppbooks.com/Russian
www.audiolego.de
www.audiolego.com

Содержание
Table of contents

Dictionary codes 6

Глава 1 Больная кошка 7

Глава 2 Хомяк спасся 10

Глава 3 Спаситель 14

Глава 4 Няня с хвостом 17

Глава 5 Говорящий кот 19

Глава 6 Сонный гость 22

Глава 7 Собака не виновата 25

Глава 8 Чемоданы 28

Глава 9 Профессор Леонидас 31

Глава 10 У стоматолога 34

Глава 11 Справедливость торжествует! 37

Глава 12 Где море? 41

Глава 13 Маленькая работа 45

Глава 14 Держи! 48

Глава 15 Чудесный подарок 51

Глава 16 Признание в конверте 54

Глава 17 Фирменное блюдо 59

Глава 18 Тюльпаны и яблоки 62

Глава 19 Тортик 65

Глава 20 Экзотический ужин 68

Глава 21 Высокое искусство 71

Глава 22 Генеральная уборка 75

Глава 23 Бежевое такси 78

Глава 24 Новогодняя ёлка 82

Глава 25 Пожар 86

Глава 26 Осторожно, злая собака! 89

Глава 27 Ошибка Марса 92

Глава 28 Без очереди 94

Глава 29 Место номер тринадцать 97

Глава 30 Домашнее задание...100
Русско-английский словарь 102
Англо-русский словарь 128
Recommended books...149

Dictionary codes

Code / **Person** / **Number**

fst sng / First / Singular
fst plr / First / Plural
sec / Second / Singular & Plural
sec sng / Second / Singular
sec plr / Second / Plural
thrd / Third / Singular & Plural
thrd sng / Third / Singular
thrd plr / Third / Plural

Code / **Tense**

past / Past Tense
pres / Present Tense
ftr / Future Tense
past part / Past Participle
pres part / Present Participle
inf / Infinitive
imp / Imperative

pers / person
neut / neuter
masc / person masculine
fem / person feminine

Code / **Gender**

Code / **Category**

noun / Noun
adj / Adjective
adv / Adverb
pron / Pronoun
verb / Verb
conj / Conjunction
prep / Preposition

Code / **Cases**

Nom / Nominative
Gen / Genitive
Acc / Accusative
Dat / Dative
Inst / Instrumental
Prep / Prepositional

1

Бол<u>ь</u>ная к<u>о</u>шка
The sick cat

A

Слов<u>а</u>
Words

1. a - and
2. б<u>е</u>гает - runs; бег<u>а</u>ть - to run
3. больн<u>а</u>я - sick; больн<u>а</u> *(short form)* - is sick
4. больш<u>а</u>я - big
5. быть - to be
6. в - in
7. вам - to you
8. весь - whole
9. в<u>е</u>чером - in the evening
10. в<u>и</u>дит - sees
11. вним<u>а</u>тельно - closely
12. волн<u>у</u>йтесь *(imp)* - worry
13. все - all
14. всё - everything
15. встаёт - gets up
16. глаз - eye; глаз<u>а</u> *(gen plr)* - eyes
17. говор<u>и</u>т - says
18. гр<u>у</u>стно - sadly
19. дв<u>и</u>жется - moves
20. двум<u>я</u> *(inst plr)* - with two

21. день - day
22. дов<u>о</u>лен - glad
23. дом<u>а</u>шними *(adj inst plr)* - home
24. дом<u>о</u>й - (go) home
25. друг<u>и</u>ми *(inst plr)* - other
26. д<u>ы</u>шит - breathes
27. ей *(dat)* - to her
28. есть - have; there is
29. же - *interjection*
30. жив<u>о</u>тными *(inst plr)* - animals
31. за<u>е</u>ду - I'll come (by transport)
32. зач<u>е</u>м - why
33. звон<u>и</u>т - calls, rings
34. здесь - here
35. здор<u>о</u>ва - is healthy
36. зоомагаз<u>и</u>н - pet shop; зоомагаз<u>и</u>на *(gen)*
37. и - and
38. игр<u>а</u>ет - plays; игр<u>а</u>ть - to play
39. игр<u>у</u>шки - toys
40. идёт - goes

7

41. иногда - sometimes
42. интересные - interesting
43. к - to
44. какая - what
45. клетка - cage
46. когда - when
47. конечно - of course
48. кошка - cat; кошкой *(inst)*; кошку *(acc)*
49. крыс *(acc plr)* - rats; крысами *(inst plr)*
50. кухню *(acc)* - kitchen
51. лежит - lies; ложится - lies down
52. магазина *(gen)* - shop
53. маленькую *(acc)* - little
54. месте *(prep)* - place
55. много - a lot
56. может - maybe
57. мышки *(sng gen)* - mouse
58. на - on
59. не - not; не сводит глаза - does not look away
60. неделю *(acc)* - week
61. неё *(gen)* - her
62. ней *(inst)* - her
63. необходимые *(plr)* - required
64. нет - no
65. них *(gen)* - them
66. но - but
67. ну - well
68. одном *(prep)* - one
69. он - he
70. она - she
71. о-о - o-oh
72. от - from
73. отвечает - answers
74. отлично - excellent
75. очень - very
76. перед - in front of
77. поесть - to eat
78. покупает - buys
79. помню - I remember

80. понятно - it is clear
81. посмотреть - to look; посмотрю - I will see
82. потом - then
83. почти - almost
84. правду *(acc)* - truth
85. практически - almost
86. предполагает - supposes
87. прививки - vaccinations
88. приезжает - comes by transport
89. приходит - comes on foot
90. продавец - salesman
91. просто - just
92. прямо - right
93. радостная - joyful
94. расстроен - upset
95. с - with
96. сама - herself
97. самые *(plr)* - most
98. сегодня - today
99. сильно - very
100. случилось - happened
101. смотрит - looks/is looking
102. снова - again
103. совершенно - absolutely
104. спит - sleeps
105. стоит - is/stands
106. странно - strange
107. так - so
108. теперь - now
109. тоже - too
110. только - just
111. удивлён - surprised
112. уйдёт - will leave
113. хозяин - owner
114. через - in (some time)
115. что - what
116. шевелится - moves
117. эта - this
118. я - I

B

Больная кошка

The sick cat

Роберт идёт в зоомагазин. Он покупает маленькую кошку. Он очень доволен. Но через неделю Роберт звонит в зоомагазин и говорит, что кошка больна. Она не бегает и не играет.

Robert goes to a pet shop. He buys a little cat. He is very glad, but a week later Robert phones the pet shop and says that the cat is sick. It does not run and play.

«Странно!» говорит продавец, «Кошка совершенно здорова. У неё есть все необходимые прививки! Я отлично помню, какая радостная эта кошка.»

«Я тоже очень удивлён!» говорит Роберт, «Но теперь она весь день лежит на одном месте и почти не движется.»

«Может быть, она много спит?» предполагает хозяин зоомагазина.

«Нет, она не спит,» грустно отвечает Роберт, «Она просто лежит и не шевелится. Только иногда приходит поесть на кухню. Но потом снова ложится и не встаёт.»

Хозяин магазина видит, что Роберт сильно расстроен.

«Не волнуйтесь. Сегодня я к вам заеду и посмотрю, что случилось с кошкой,» говорит он. Вечером он приезжает домой к Роберту посмотреть на кошку. Он видит, что Роберт говорит правду. Кошка не бегает, не играет. Она лежит и практически не шевелится... а прямо перед ней стоит большая клетка с двумя крысами - другими домашними животными Роберта. Кошка лежит и почти не дышит - так внимательно смотрит она на крыс и не сводит с них глаз.

«О-о,» говорит хозяин зоомагазина, «Конечно, теперь всё понятно. Зачем же ей бегать и играть, когда самые интересные игрушки у неё здесь. Ну, какая кошка сама уйдёт от мышки?»

"That is strange!" the salesman says, "The cat is absolutely healthy. It has all the required vaccinations! I remember well what a happy cat it was."

"I'm also very surprised!" Robert says, "But now it lies in one place the whole day and almost doesn't move."

"Maybe it sleeps a lot?" the pet shop owner supposes.

"No, it doesn't sleep," Robert answers sadly, "It just lies and doesn't move. Only sometimes it comes to the kitchen to eat. But then it lies down again and doesn't get up."

The owner of the pet shop sees that Robert is very upset.

"Don't worry. I'll come to you today and I will see what happened to the cat," he says. He comes to Robert's home in the evening to look at the cat. He sees that Robert is telling the truth. The cat doesn't run and play. It lies and almost doesn't move... and in front of it there is a big cage with two rats - Robert's other pets. The cat is lying down and almost isn't breathing - it is watching the rats so closely without taking its gaze from them.

"Ooh," the owner of the pet shop says, "Of course, everything is clear now. Why should it run and play when the most interesting toys are right here. What cat would leave a mouse out of its own will?"

2

Хом**я**к сп**а**сся
The hamster saved itself

A

Слова
Words

1. акв**а**риумных *(adj plr acc)* - aquarium
2. акт**и**вная - active
3. б**е**га *(gen)* - running
4. бол**е**ет - is ill
5. бо**я**лся - was afraid
6. б**у**дет - will (be)
7. бы - would
8. в**а**ша - your
9. весёлая - cheerful
10. виз**и**ты - visits
11. вод**о**й *(inst)* - water
12. в**о**зле - by, near
13. всегд**а** - always
14. всем - to everybody
15. всю *(acc)* - whole
16. вы *(plr)* - you
17. вых**о**дит - gets out
18. громко - loudly
19. д**а**же - even
20. двух *(acc)* - two
21. для - for
22. д**о**брый - kind
23. д**о**ма - at home; в д**о**мике *(prep)* - in the house
24. друзь**я** - friends; мн**о**го друз**е**й *(acc plr)* - a lot of friends
25. её - her
26. ем**у** - him
27. ж**а**лко - be sorry
28. жив**о**тных *(acc)* - animals
29. зад**у**мывается - thinks
30. засып**а**ет - falls asleep
31. зах**о**дит - comes (into)
32. зверьк**а** *(acc)* - animal
33. здр**а**вствуйте - hello
34. зн**а**ет - knows
35. знак**о**мься *(imp)* - meet
36. зоомагаз**и**не *(prep)* - pet shop

37. из - out of
38. или - or
39. им *(dat)* - them
40. историю *(acc)* - story
41. каждый - every, each
42. кажется - it seems
43. как - how
44. какого-нибудь *(acc)* - some, any
45. клетки *(gen)* - cage; клетку *(acc)*
46. колесо - wheel; колеса *(gen)*; колесе *(prep)*
47. комнату *(acc)* - room
48. кот - cat; коту *(dat)*
49. который - that, who
50. кровать - bed
51. купить - buy
52. лучше - better
53. любит - likes, loves
54. маленькая - little; маленьких *(acc plr)*
55. меня - me; мне - to me
56. могу - I can
57. на улице *(prep)* - outside
58. надеюсь - I hope
59. намного - much
60. наносит - pays (a visit)
61. настроение - mood
62. начинает - starts
63. наши *(plr)* - our; наших *(acc)*
64. новые *(plr)* - new; новых *(acc)*
65. ночь - night; ночи *(gen sng)*
66. нравятся - they like
67. нужно - need
68. обижай *(imp)* - hurt
69. обнимает - hugs
70. общее - (in) common
71. обычно - usually
72. остановиться - to stop
73. отгоняет - chases away
74. отдыхать - to have a rest
75. падает - falls down
76. питья *(gen)* - drinking
77. подарить - to give as a gift
78. подарки - gifts; подарок - gift
79. поднять настроение - to improve one's mood
80. подруга - female friend; подруге - to/about a female friend
81. подходит к - comes to
82. поздно - late
83. показывает - shows
84. получить - to get
85. помочь - to help
86. понимает - understands
87. понравится - will like
88. правы *(sng polite)* - right
89. предложить - to offer
90. привет - hi
91. приносит - brings
92. про - about
93. продавцу *(dat)* - to a salesman
94. просыпается - wakes up
95. пьёт - drinks
96. рада *(fem)* - glad
97. раз - (one) time
98. рассказывает - tells
99. рыбки *(plr)* - fish; рыбок *(acc)*
100. садится - sits down
101. своей *(sing dat)* - reflexive form of pers. possess. pronouns
102. себя *(gen)* - reflexive form of pers. pronouns
103. сидел - was sitting; сидит - is sitting
104. сладости - sweets
105. слишком - too
106. случай *(prep)* - situation; в таком случае *(prep)* - in this situation/case
107. смеётся - laughs; смеются - (they) laugh; смеяться - to laugh
108. смотрел - was watching
109. спасибо - thanks
110. спасся *(masc)* - saved himself
111. спокойной ночи *(gen)* - good night
112. спокойные *(plr)* - calm
113. сразу - immediately
114. также - also, too
115. такого - such; в таком *(prep)*
116. тебе - to you; ты - you
117. удивить - to surprise
118. удивлённо - in surprise
119. уже - already
120. улыбается - smiles
121. умывается - washes himself/herself
122. утром - in the morning
123. уходит - goes away
124. фрукты - fruit

125. х_о_м_я_к/хом_я_ч_о_к - hamster; много хомяк_о_в *(acc)* - a lot of hamsters
126. хом_я_чки - hamsters; хом_я_чка *(acc)*; хом_я_чками *(inst)*; хомячк_о_в *(acc)*
127. хот_е_л - wanted; х_о_чет - wants; хоч_у_ - I want
128. цвет_ы_ - flowers
129. ч_а_шка - cup
130. чем - than
131. чт_о_-то - something, anything
132. ч_у_вствуешь - (you) feel
133. _э_то *(neut)* - it, this
134. _э_тот *(masc)* - this; _э_того *(acc)*
135. _э_ту *(fem acc)* - this

B

Хом_я_к спасся

_А_ня, подр_у_га Р_о_берта, бол_е_ет. Р_о_берт каждый день нан_о_сит виз_и_ты _А_не. Р_о_берт иногда прин_о_сит _А_не под_а_рки. Об_ы_чно он прин_о_сит ей цвет_ы_, фр_у_кты _и_ли сл_а_дости. Но сег_о_дня он х_о_чет её удив_и_ть. Р_о_берт зн_а_ет, что _А_ня _о_чень л_ю_бит жив_о_тных. У _А_ни уж_е_ есть кот Том. Но Том об_ы_чно на _у_лице. А Р_о_берт х_о_чет подар_и_ть _А_не так_о_го зверьк_а_, кот_о_рый всегд_а_ б_у_дет д_о_ма. Р_о_берт идёт в зоомагаз_и_н.
«Д_о_брый день,» говор_и_т Р_о_берт продавц_у_ в зоомагаз_и_не.
«Здр_а_вствуйте,» отвеч_а_ет продав_е_ц, «Чем мог_у_ Вам пом_о_чь?»
«Я бы хот_е_л куп_и_ть как_о_го-нибудь зверьк_а_ сво_е_й подр_у_ге,» говор_и_т Р_о_берт. Продав_е_ц зад_у_мывается.
«Мог_у_ предлож_и_ть Вам акв_а_риумных р_ы_бок,» говор_и_т продав_е_ц.
Р_о_берт см_о_трит на акв_а_риумных р_ы_бок.
«Нет. Р_ы_бки сл_и_шком спок_о_йные, а _А_ня - весёлая и акт_и_вная,» отвеч_а_ет Р_о_берт. Продав_е_ц улыб_а_ется.
«В так_о_м сл_у_чае, В_а_ша подр_у_га б_у_дет р_а_да получ_и_ть _э_того зверьк_а_,» говор_и_т продав_е_ц и пок_а_зывает м_а_леньких хомячк_о_в. Р_о_берт улыб_а_ется.
«Вы пр_а_вы,» говор_и_т Р_о_берт, «_Э_то как раз то, что мне н_у_жно!»
Р_о_берт покуп_а_ет двух хомячк_о_в. Т_а_кже он покуп_а_ет им кл_е_тку. В д_о_мике для хомяк_о_в есть всё - и ч_а_шка для пить_я_, и колес_о_ для б_е_га и д_а_же м_а_ленькая кров_а_ть. В_е_чером Р_о_берт прих_о_дит к _А_не дом_о_й.
«_А_ня прив_е_т,» говор_и_т Р_о_берт, «Как ты себ_я_ ч_у_вствуешь?»
«Прив_е_т Р_о_берт,» отвеч_а_ет _А_ня, «Сег_о_дня намн_о_го л_у_чше.»

The hamster saved itself

Robert's friend Ann is ill. Robert pays a visit to Ann every day. Sometimes Robert brings gifts for her. He usually brings her flowers, fruits or sweets. But today he wants to surprise her. Robert knows that Ann likes animals very much. Ann already has a cat named Tom. However Tom is usually outside. And Robert wants to give Ann an animal that will always be at home. Robert goes to a pet shop.
"Hello," Robert says to a salesman at the pet shop.
"Hello," the salesman answers, "How can I help you?"
"I'd like to buy an animal for my friend," Robert says. The salesman thinks.
"I can offer you an aquarium fish," the salesman says. Robert looks at the aquarium fish.
"No. A fish is too quiet, and Ann is cheerful and active," Robert answers. The salesman smiles.
"In this case, your friend will be glad to get this animal," the salesman says and shows a little hamster. Robert smiles.
"You're right," Robert says, "This is exactly what I need!"
Robert buys two hamsters. He also buys a cage. There is everything in the hamster house - a cup for drinking, a wheel for running, and even a little bed.
In the evening Robert comes Ann's.
"Hi Ann," Robert says, "How are you?"
"Hi Robert," Ann answers, "I am much better today."
"Ann, I really want to improve your mood," Robert says, "I hope you like this present."

«Аня, я очень хочу поднять тебе настроение,» говорит Роберт, «Надеюсь, этот подарок тебе понравится.»
Аня удивлённо смотрит на Роберта. Роберт показывает Ане клетку с хомячками. Аня начинает смеяться. Она обнимает Роберта.
«Роберт, спасибо! Мне очень нравятся хомячки. Иногда мне кажется, что у них и у меня есть что-то общее,» говорит Аня. Роберт тоже смеётся. Поздно вечером Роберт уходит домой. Аня ложится отдыхать. В комнату к Ане заходит кот Том.
«Том, знакомься. Это наши новые друзья - хомячки Вилли и Долли,» говорит Аня коту. Том садится возле клетки и смотрит на хомячков. Долли уже спит, а Вилли бегает в колесе.
«Том, не обижай наших новых друзей. Спокойной ночи всем,» говорит Аня. Аня засыпает.
Утром Аня просыпается и видит, что Том сидит возле клетки. Долли умывается, а Вилли так и бегает в колесе. Аня понимает, что кот всю ночь сидел возле клетки и смотрел на Вилли. А Вилли боялся остановиться. Ане жалко Вилли. Она отгоняет Тома от клетки. Вилли выходит из колеса, подходит к чашке с водой и пьёт. Потом хомячок сразу падает и засыпает. Он спит весь день. Вечером приходит Роберт, и Аня рассказывает ему эту историю про хомячка. Роберт и Аня громко смеются, и хомячок Вилли просыпается и смотрит на них.

Ann looks at Robert in surprise. Robert shows Ann the cage with the hamsters. Ann starts laughing. She hugs Robert.
"Thank you, Robert! I like hamsters very much. Sometimes it seems to me that we have something in common," Ann says. Robert laughs too. Robert goes home late at night. Ann goes to bed. The cat Tom comes into Ann's room.
"Tom, get acquainted. These are our new friends - hamsters named Willy and Dolly," Ann tells the cat. Tom sits down by the cage and stares at hamsters. Dolly is already sleeping, and Willy is running in the wheel.
"Tom, don't hurt our new friends. Good night to you all," Ann says. Ann goes to sleep.
In the morning Ann wakes up and sees that Tom is sitting by the cage. Dolly is cleaning herself, and Willy is still running in the wheel. Ann realizes that the cat was sitting by the cage and was watching Willy the whole night. And Willy was afraid to stop. Ann feels sorry for Willy. She chases Tom away from the cage. Willy gets off the wheel, comes to the water cup and drinks. Then the hamster immediately falls down and falls asleep. It sleeps the whole day. In the evening Robert comes and Ann tells him the story about the hamster. Robert and Ann laugh loudly and the hamster Willy wakes up and stares at them.

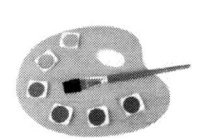

3

Спаситель
A rescuer

A

Слова
Words

1. бежит - runs
2. бешено - furiously; бешеным *(adj inst)*
3. ближайшему *(dat)* - nearest
4. большой *(inst fem)* - big
5. бросается - attacks
6. быстро - quickly
7. вас *(acc)* - you
8. ветке *(prep)* - branch
9. вкусную *(acc)* - tasty
10. время - time
11. гепарда *(gen)* - cheetah
12. голову *(acc)* - head
13. гонится - chases
14. девочка - girl; девочке *(dat)*; девочки *(gen)*
15. дерева *(gen)* - tree; на дереве *(prep)*; к дереву *(dat)*
16. достать - to reach, to touch
17. друга *(gen)* - friend
18. другому *(dat)* - another
19. дружок - buddy
20. думает - thinks
21. дядя - mister
22. его *(gen)* - his
23. еду *(acc)* - food
24. за - behind
25. заботишься - (you) care
26. забывает - forgets
27. залезает - climbs
28. зовут - (they) call
29. извините - excuse me, I am sorry
30. колледжа *(gen)* - college
31. кота *(gen)* - cat; коте *(prep)*; котом *(inst)*
32. кричит - cries
33. момент - moment
34. моя - my

35. наблюдает - watches
36. навстречу - towards
37. называет - calls
38. наклонив - having tilted
39. него *(acc)* - him
40. нужна - need
41. о - about
42. один раз - once
43. парке *(prep)* - park
44. по - over, in
45. поводке *(prep)* - leash
46. подбегает - runs up; подбегают к - run up to
47. помощь - help
48. после - after
49. проблема - problem
50. произошло - happened; Что происходит? - What is going on?
51. прыгает - jumps
52. родственнике *(prep)* - relative
53. рычанием *(inst)* - growl
54. рычит - growls
55. своего *(masc acc)* - *reflexive form of all pers. possess. pronouns;* своём *(masc prep);* своими *(plr inst);* свою *(fem gen)*
56. сейчас - right now
57. скоростью *(inst)* - speed
58. сначала - at first
59. со - with
60. собака - dog; собакой *(inst)*
61. соседнем *(prep)* - neighbouring, nearest
62. спаситель - rescuer
63. спокойно - calmly
64. спрашивает - asks
65. спрыгивает - jumps down
66. сторону *(prep)* - side
67. супермаркет - supermarket
68. тогда - then
69. убегает - runs away
70. удержать - to hold back
71. укусит - will bite
72. утро - morning; по утрам *(prep)* - every morning
73. хозяева - owners
74. храброго *(acc)* - brave

B

Спаситель

У друга Роберта Давида тоже есть кот. Он очень любит своего кота. Его кота зовут Марс. Давид называет его «дружок». Каждый день после колледжа Давид заходит в супермаркет и покупает коту вкусную еду. Один раз Роберт говорит Давиду: «Ты заботишься о своём коте, как о родственнике.»

Давид улыбается и рассказывает свою историю. Каждый день по утрам Давид бегает в соседнем парке. В это время в парке хозяева гуляют со своими домашними животными. Один раз Давид видит, что навстречу ему бежит маленькая девочка с большой собакой на поводке.

«Дядя, дядя!» кричит девочка. Давид думает, что у девочки проблема и ей нужна помощь. Он быстро идёт навстречу девочке с собакой.

«Что произошло?» спрашивает Давид. Девочка и собака подбегают к Давиду.

«Извините, дядя, но моя собака сейчас Вас укусит! Я не могу её удержать,» говорит

A rescuer

Robert's friend David has a cat too. He loves his cat very much. His cat's name is Mars. David calls him "Buddy." David comes into the supermarket every day after college and buys some tasty food for the cat. One day Robert says to David: "You care about your cat as if he were a relative."

David smiles and tells his story. David goes jogging in the neighboring park every day in the morning. Pet owners are walking their pets in the park at this time. One time David sees a little girl running towards him with a big dog on a leash.

"Mister, Mister!" the girl cries. David thinks that the girl has a problem and she needs help. He goes quickly to meet the girl with the dog.

"What happened?" David asks. The girl and the dog run up to David.

"Excuse me, Mister, but my dog will bite you right now! I can't hold it back," the girl says. At first David doesn't understand what is

девочка. Давид сначала не понимает, что происходит. Но когда собака бросается на него и бешено рычит, Давид со скоростью гепарда бежит к ближайшему дереву. И в этот момент с дерева спрыгивает большой кот и убегает в сторону. Собака сразу забывает про Давида и гонится за котом с рычанием. Кот быстро подбегает к другому дереву и залезает на него. Собака с бешеным рычанием прыгает, но не может достать кота на дереве. Тогда кот спокойно ложится на ветке и, наклонив голову, спокойно наблюдает за собакой. Этого храброго кота теперь зовут Марс.

going on. But when the dog attacks him and furiously growls, David runs to the nearest tree with the speed of a cheetah. At this moment a big cat jumps down from the tree and runs to the side. The dog forgets about David immediately and chases the cat with a growl. The cat quickly runs to another tree and climbs it. The dog jumps with a furious growl, but can`t get the cat in the tree. Then the cat lies down quietly on a branch and, with his head tilted to the side, quietly watches the dog. This brave cat is now called Mars.

4

Няня с хвостом
A nanny with a tail

A

Слова
Words

1. ваш - your
2. видишь - (you) see
3. вкусный - tasty
4. возвращается - returns
5. гладит - pets
6. гостиной *(prep)* - living room
7. даёт - gives, lets
8. дверь - door
9. делает - does
10. делами *(inst plr)* - chores
11. десятом *(prep)* - tenth
12. диване *(prep)* - couch
13. днём *(inst)* - day
14. женщина - woman; женщину *(acc)*; женщины *(gen)*
15. живёт - lives
16. замечает - notices
17. заниматься - do
18. играла - played
19. к тому же - moreover
20. каждым *(inst)* - every
21. квартиру *(acc)* - apartment
22. которая *(fem)* - that, who
23. куда-то - somewhere
24. лестнице *(prep)* - stairs
25. ли - wether, if
26. лифтом *(inst)* - elevator
27. ловит - catches
28. маленький - small
29. моет - washes, cleans
30. мой - my; моим *(inst)*
31. молодую *(acc fem)* - young
32. мышей *(acc)* - mice
33. мяукает - meows

34. неспокойный - restless
35. никогда - never
36. ним (inst) - him
37. няня - nanny
38. обед - lunch
39. однажды - once
40. пешком - on foot
41. поднимается - gets up
42. пол - floor
43. получает - gets
44. пользуется - uses
45. помогает - helps
46. последнее время - lately
47. послушный - obedient
48. постоянно - always
49. почему - why
50. приоткрыта - ajar
51. просит - asks
52. простите - excuse me
53. птиц (acc) - birds
54. ребёнок - child
55. соседнюю (acc) - neighboring
56. спокойный - calm
57. становится - becomes
58. сын - son; сыном (inst)
59. толще - fatter
60. удовольствия (gen) - pleasure
61. хвостом (inst) - tail
62. хотя - although
63. чтобы -
64. этаже (prep) - floor

B

Няня с хвостом

Кот Марс очень послушный и спокойный. Хотя в последнее время он постоянно куда-то бегает. Давид замечает, что Марс с каждым днём становится толще. Давид думает, что кот ловит птиц и мышей. Однажды Давид возвращается домой. Он живёт на десятом этаже, но он никогда не пользуется лифтом. Он поднимается по лестнице пешком и видит, что дверь в соседнюю квартиру приоткрыта. Давид видит молодую женщину, которая моет пол в гостиной. Давид знает её. Её зовут Мария. На диване в гостиной сидит маленький ребёнок и гладит кота Марса. Марс мяукает от удовольствия.
«Добрый день, Мария. Простите, а что делает мой кот у вас?» спрашивает Давид у женщины.
«Добрый день, Давид. Видишь ли, мой ребёнок очень неспокойный. Он не даёт мне заниматься домашними делами. Мой сын все время просит, чтобы я с ним играла. Ваш кот помогает мне. Он играет с моим сыном,» отвечает Мария. Давид смеётся.
«К тому же он всегда получает от меня вкусный обед!» говорит женщина. Давид теперь понимает, почему его кот каждый день становится толще.

A nanny with a tail

The cat Mars is very obedient and calm. Although lately it is always running off somewhere. David notices that Mars is getting fatter every day. David believes that the cat catches birds and mice. One day David returns home; he lives on the tenth floor, but never uses an elevator. He takes the stairs up and sees that a door to a neighboring apartment is ajar. David sees a young woman cleaning the floor in the living room. David knows her. Her name is Maria. A small child is sitting on the couch in the living room and petting the cat Mars. Mars meows with pleasure.
"Good day, Maria. Excuse me, what is my cat doing at your place?" David asks the woman.
"Good day, David. You see, my child is very restless. He doesn't let me do chores. My son is always asking me to play with him. Your cat helps me. It plays with my son," Maria answers. David laughs.
"Besides, he always gets a tasty lunch from me!" the woman says. David understands now why his cat is getting fatter and fatter every day.

5

Говор<u>я</u>щий кот
A talking cat

A

Слов<u>а</u>
Words

1. адекв<u>а</u>тна *(fem)* - adequate, in right mind
2. берёт - takes
3. б<u>о</u>льше - more, anymore
4. б<u>ы</u>ло - was
5. в том *(prep)* - in that; в <u>э</u>том *(prep)* - in this
6. вдруг - suddenly
7. в<u>е</u>чера *(gen)* - evening
8. вм<u>е</u>сте - together
9. вот - here
10. вск<u>а</u>кивает - jumps up
11. вс<u>я</u>кий - any
12. говор<u>я</u>щий - talking
13. г<u>о</u>лос - voice; г<u>о</u>лосом *(inst)*
14. да ещё - moreover
15. дай *(imp)* - give
16. дет<u>е</u>й *(acc)* - children
17. до - till
18. д<u>о</u>брая - kind
19. д<u>о</u>лго - a long time
20. д<u>о</u>ме *(prep)* - home
21. ед<u>ы</u> *(gen)* - food
22. зас<u>ы</u>пать - to fall asleep
23. игр *(gen plr)* - playing
24. игр<u>у</u>шечной *(adj prep)* - toy
25. из того же - from the same
26. из угл<u>а</u> *(gen)* - from the corner; в угл<u>у</u> *(prep)* - in the corner
27. <u>и</u>менно - exactly
28. исп<u>у</u>ганно - frightened
29. к<u>а</u>к-то - once
30. к<u>о</u>мнаты *(gen)* - room
31. кр<u>е</u>стится - crosses oneself
32. кров<u>а</u>тке *(prep)* - bed

19

33. кто-то - somebody
34. куклу *(acc)* - doll; куклы *(gen)*
35. кушать - to eat
36. нажимает - presses
37. нанять - to hire
38. небольшую *(acc)* - not big
39. недовольно - discontentedly
40. никого *(gen)* - nobody
41. ними *(inst)* - them
42. ничего - nothing
43. новая - new
44. няню *(acc)* - nanny
45. оглядывается - looks around
46. одна - alone
47. они - they
48. остаётся - stays
49. от неожиданности *(gen)* - from surprise
50. первый - first
51. поворачивает - turns
52. повторяет - repeats
53. поглядывает - glances
54. покушать - to eat
55. поспать - to sleep
56. правда - true
57. прилечь - lie down
58. приснилось - dreamed
59. прогулки *(gen)* - a walk
60. работы *(gen)* - work
61. разговаривает - speaks
62. раздаётся - sounds
63. ребёнка *(gen)* - child; с ребёнком *(inst)* - with the child
64. решает - decides
65. с опаской *(inst)* - with caution
66. самую *(acc)* - most
67. случай - case
68. слышат - (they) hear
69. сомневаться - to doubt
70. спать - to sleep
71. старушка - old woman; старушке *(dat)*
72. стороны *(gen)* - side
73. страшно - frightening
74. сытый - full
75. требовательный - demanding; требует - demands
76. ту *(acc)* - that
77. тут - here
78. убеждает - convinces
79. удивлена - (she is) surprised
80. укладывает - takes to bed
81. устала - (she is) tired
82. фразу *(acc)* - phrase
83. человеческим *(inst)* - human
84. чётко - distinctly

B

Говорящий кот

Как-то раз Мария решает нанять няню для своего ребёнка. Новая няня - добрая старушка. Она очень любит детей. В первый же день своей работы у Марии няня остаётся с ребёнком одна в доме. Вместе с ними только кот Марс. После прогулки и игр, няня укладывает ребёнка спать. Она устала и тоже решает прилечь поспать. Но как только она начинает засыпать, вдруг в углу комнаты кто-то громко говорит: «Дай покушать!» Няня вскакивает от неожиданности. Она оглядывается - никого нет. Только в углу лежит кот Марс в кроватке для куклы. Кот Марс недовольно смотрит на няню. Няня решает, что ей это приснилось, и уже хочет прилечь снова. Но тут, из того же угла снова чётко раздаётся: «Я хочу кушать!» Няня

A talking cat

One day Maria decides to hire a nanny for her child. The new nanny is a kind old woman. She loves children very much. On the first day of working at Maria's, the nanny stays at home with the child. Only Mars the cat is with them. After walking and playing, the nanny takes the child to bed. She is tired and decides to go to sleep also. But as soon as she begins to fall asleep, suddenly someone says loudly in the corner of the room: "Feed me!" The nanny jumps up in surprise. She looks around - there is nobody there. Only the cat Mars lies in the corner in a doll's bed. The cat Mars is looking at the nanny discontentedly. The nanny decides that it was a dream and she wants to go back to sleep. But then from the same corner she distinctly hears again: "I want to eat!" The

поворачивает голову - кот внимательно и недовольно смотрит прямо на неё. Старушке становится страшно. Она долго смотрит на кота, и тут с его стороны снова раздаётся требовательный голос: «Дай покушать!» На всякий случай она крестится и идёт на кухню. Она даёт коту еды. До вечера она с опаской поглядывает на кота Марса. Но сытый кот спит и больше ничего не говорит.
Вечером Мария возвращается домой, и старушка испуганно рассказывает ей, что кот разговаривает человеческим голосом и требует еды. Мария очень удивлена. Она начинает сомневаться в том, что новая няня адекватна. Но няня убеждает её, что это правда.
«Именно так это и было!» говорит няня, «Вот в этом углу, на игрушечной кроватке, кот сидит и говорит мне «дай покушать»! Да ещё повторяет!» рассказывает няня.
И вдруг Мария понимает, что случилось. Она подходит к игрушечной кроватке и берёт с неё небольшую куклу. Мария нажимает на куклу, и они слышат ту самую фразу: «Я хочу кушать!»

nanny turns her head - the cat is looking attentively and discontentedly directly at her. The old woman gets scared. She looks at the cat for a while, when suddenly the demanding voice is heard from him again: "Give me something to eat!" She crosses herself, just in case, and goes to the kitchen. She gives some food to the cat. She keeps glancing with caution at the cat Mars till the evening. But the satisfied cat sleeps and does not speak anymore.
Maria comes back home in the evening and the old woman tells her in a frightened tone that the cat speaks in a human voice and demands food. Maria is very surprised. She begins to doubt that the new nanny is in her right mind. But the nanny convinces her that it is true.
"That's how it was!" the nanny says, "Here in this corner, in the doll's bed, the cat sits and says to me 'give me something to eat'! Moreover it repeats it!" the nanny says.
And suddenly Maria understands what happened. She comes to the doll's bed and takes a small doll from it. Maria presses the doll and they hear the same phrase: "I want to eat!"

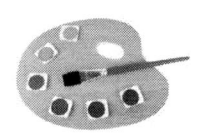

6

Сонный гость
Sleepy guest

A

Слова
Words

1. бездомный - homeless
2. букет - bouquet
3. в конце концов - at last, finally
4. весьма - very
5. во - in
6. возвращаться - come back
7. вслед - after
8. выглядит - looks, appears
9. где - where
10. где-нибудь - somewhere, anywhere
11. гость - guest
12. двоим *(dat)* - two *(people)*
13. двор - yard; во дворе *(prep)* - in the yard
14. дней *(gen)* - days
15. дом - house
16. другой - another
17. жёлтых *(gen plr)* - yellow
18. завтра - tomorrow
19. записку *(acc)* - note
20. знать - to know
21. интересно - to wonder
22. ко - to
23. колледже *(prep)* - college
24. которых *(pl gen)* - that, who
25. кто - who
26. лет *(gen)* - years
27. листьев *(gen)* - leaves
28. медленно - slowly
29. можно - can
30. на голове *(prep)* - on the head
31. на улицу *(acc)* - outside
32. надет - is being worn
33. надо - need, should
34. несколько - several, some
35. опять - again
36. осени *(gen)* - autumn

37. ответ - answer
38. ошейник - collar; к ошейнику *(dat)* - to the collar
39. пёс - dog; пса *(gen)*
40. погода - weather
41. погулять - to take a walk
42. поэтому - so
43. прекрасной *(gen)* - beautiful
44. приду - *(I) will come*
45. прикрепил - attached; прикреплен - is attached
46. примерно - about
47. продолжалось - continued
48. пытается - tries
49. растут - grow
50. середина - middle
51. следующий - following, next; следующего *(gen)*
52. собаки *(gen)* - dog
53. собрать - to gather
54. содержания *(gen)* - content
55. сонный - sleepy
56. стало - got
57. старый - old
58. три - three; трёх *(gen)*
59. упитанный - well-fed
60. уставшим *(inst)* - tired
61. ухаживают - (they) look after
62. учёбы *(gen)* - studying
63. хорошая - good; хорошенько, хорошо - well
64. хотелось бы - would like
65. час - hour; три часа *(gen)* - three hours
66. шестеро - six *(people)*
67. этой *(gen)* - this

B

Сонный гость

Как обычно, после учёбы в колледже, Роберт выходит на улицу погулять. Погода сегодня хорошая. Как раз середина осени. Роберт решает собрать букет из жёлтых листьев. Вдруг он видит, что во двор заходит старый пёс. Он выглядит очень уставшим. На него надет ошейник, и он весьма упитанный. Именно поэтому Роберт решает, что он не бездомный и за ним хорошо ухаживают. Пёс спокойно подходит к Роберту. Роберт гладит его по голове. Роберту надо уже возвращаться домой. Пёс идёт вслед за ним. Заходит в дом, медленно заходит в комнату Роберта. Потом ложится в углу и засыпает.

На следующий день пёс приходит снова. Он подходит к Роберту во дворе. Потом опять заходит в дом и засыпает на том же месте. Спит он примерно три часа. Потом встаёт и уходит куда-то.

Так продолжалось несколько дней. В конце концов, Роберту стало интересно, и он прикрепил к ошейнику пса записку следующего содержания: "Хотелось бы знать, кто хозяин этой прекрасной собаки, и знает ли он, что пёс практически каждый день приходит ко мне поспать?"

Sleepy guest

As usual after his studies at the college, Robert goes outside to take a walk. The weather is good today. It's just the middle of autumn. Robert decides to gather a bunch of yellow leaves. Suddenly he sees an old dog coming into the yard. It looks very tired. It has a collar on and it is very well-fed. So Robert decides that it is not homeless and that they look after it well. The dog approaches Robert quietly. Robert pets it on the head. Robert should be going back home already. The dog follows him. It comes into the house; slowly comes into Robert's room. Then it lies down in the corner and falls asleep.

The next day the dog comes again. It approaches Robert in the yard. Then it goes into the house again and falls asleep in the same place. It sleeps for about three hours. Then it gets up and goes away somewhere. This continued for several days. Finally Robert became curious, and he attached a note to the dog's collar with the following: "I would like to know who is the owner of this fine dog, and if he knows that the dog comes to my place almost every day to sleep?"

The next day the dog comes again, and the

На другой день пёс приходит снова, и к его ошейнику прикреплен следующий ответ: "Он живёт в доме, где растут шестеро детей, двоим из которых нет ещё и трёх лет. Он просто пытается где-нибудь хорошенько поспать. Можно я тоже приду к вам завтра?"

following answer is attached to its collar: "It lives in a house where there are six children, and two of them aren't three years old yet. It is just trying to get a good night's sleep somewhere. Can I also come to you tomorrow?"

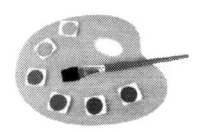

7

Соб**а**ка не винов**а**та
The dog isn't guilty

A

Слов**а**
Words

1. автомоб**и**ле *(prep)* - car
2. архит**е**ктором *(inst)* - architect
3. без - without
4. бер**у**т - take
5. библиот**е**ку *(acc)* - library
6. больш**и**е *(plr)* - big
7. в**е**село - cheerfully
8. вечер**а**ми - in evenings
9. винов**а**та - guilty
10. вис**и**т - hangs
11. волнов**а**ться - to worry
12. в**о**семь - eight
13. воскрес**е**нье - Sunday
14. всех *(gen)* - all
15. встреч**а**ется - meets
16. всё равн**о** - anyway
17. выск**а**кивает - jumps out
18. год - year
19. гриб - mushroom; гриб**ы** - mushrooms
20. два - two
21. д**о**лжен - should, must; должн**ы** *(plr)*
22. друзь**я**ми *(inst)* - friends
23. **е**дут - go (by transport)
24. жен**и**лись - got married
25. за рулём - driving
26. замык**а**ют - (they) lock
27. зат**е**м - then
28. идём - (we) go; ид**у**т - (they) go
29. иск**а**ть - look for
30. каб**и**на *(prep)* - passenger compartment; в каб**и**не *(prep)* - in the passenger compartment
31. каф**е** - café
32. колёса - wheels; без колёс *(gen)* - without wheels
33. корз**и**ны - baskets
34. л**а**ет - barks; л**а**яла - barked
35. лес - forest
36. м**а**ленькие *(plr)* - little
37. м**а**ма - mom

25

38. машина - car; машине *(prep)*; машину *(acc)*; машины *(gen)*
39. младшей *(dat)* - younger
40. можем - can
41. муж - husband
42. музыка - music
43. мы - we
44. на стекле *(prep)* - on the glass
45. назад - ago; back
46. нас - us
47. начинают - (they) start
48. нашла - found
49. окна *(gen)* - window
50. останавливается - stops
51. остаться - to stay
52. охраняет - watches; охранять - to watch
53. папа - dad
54. подходят - (they) approach
55. поют - (they) sing
56. птицы - birds
57. работает - works
58. с азартом - excitedly
59. светит - shines
60. секретарём *(inst)* - secretary
61. семьи *(gen)* - family; семью *(acc)*
62. сестре *(dat)* - sister
63. скучает - misses, bored
64. смелая *(fem)* - brave
65. собирает - gathers; собирать - to gather; собирают *(plr)*
66. солнце - sun
67. средние *(plr)* - middle
68. строительной *(prep)* - building
69. украли - stole
70. учится - studies
71. фирме *(prep)* - firm
72. ходит - goes
73. хорошее - good
74. членов *(gen)* - members
75. школе *(prep)* - school

B

Собака не виновата

Давид после колледжа ходит в библиотеку. А вечерами встречается с друзьями в кафе. Младшей сестре Давида Нэнси восемь лет. Она учится в школе. Мама Давида, Линда, работает секретарём. Её муж, Кристиан, работает архитектором на строительной фирме. Кристиан и Линда женились год назад. У Давида есть собака Барон и кот Марс.
Сегодня воскресенье. Давид, Нэнси, Линда, Кристиан и Барон едут в лес собирать грибы. Давид сидит за рулём. В автомобиле играет музыка. Папа и мама поют. Барон весело лает. Затем машина останавливается. Барон выскакивает из машины и бежит в лес. Он прыгает и играет.
«Барон, ты должен остаться здесь,» говорит Давид, «Ты должен охранять машину. А мы идём в лес.»
Барон грустно смотрит на Давида, но идёт в машину всё равно. Его замыкают в машине. Мама, папа, Давид и Нэнси берут корзины и идут искать грибы. Барон смотрит из окна

The dog isn't guilty

David goes to the library after college. He meets his friends in a café in the evenings. David's younger sister Nancy is already eight years old. She studies at school. David's mom, Linda, works as a secretary. Her husband Christian works as an architect at a building firm. Christian and Linda got married a year ago. David has a cat named Mars and a dog, Baron.
It is Sunday today. David, Nancy, Linda, Christian and Baron go to the forest to pick mushrooms. David drives. Music plays in the car. The father and the mother sing. Baron barks cheerfully.
Then the car stops. Baron jumps out of the car and runs to the forest. It jumps and plays.
"Baron, you should stay here," David says, "You should watch the car. And we will go to the forest."
Baron looks sadly at David, but goes to the car anyway. They lock him in the car. The mother, the father, David and Nancy take baskets and go to pick mushrooms. Baron looks out through the car window.

машины.

«Хорошо, что у нас есть Барон. Он охраняет машину, и мы можем не волноваться,» говорит папа.

«Барон - смелая собака,» говорит Давид.

«Погода хорошая сегодня,» говорит мама.

«Я нашла первый гриб!» кричит Нэнси. Все начинают с азартом собирать грибы. У всех членов семьи хорошее настроение. Поют птицы, светит солнце. Давид собирает только большие грибы. Мама маленькие и средние. Папа и Нэнси собирают и большие, и маленькие, и средние грибы. Они собирают грибы два часа.

«Мы должны возвращаться в машину. Барон скучает без нас,» говорит папа. Все идут к машине. Они подходят к машине.

«Что это?» кричит Нэнси. У машины нет колёс! Колёса украли! В кабине сидит пёс и испуганно смотрит на свою семью. На стекле висит записка: «Собака не виновата. Она лаяла!»

"It is good that we have Baron. He watches the car and we don't need to worry," the father says.

"Baron is a brave dog," David says.

"The weather is good today," the mother says.

"I have found the first mushroom!" Nancy cries. Everybody starts to gather mushrooms excitedly. All members of the family are in a good mood. The birds are singing, the sun is shining. David gathers only big mushrooms. Mother gathers small and medium-sized ones. The father and Nancy gather big, small and medium-sized mushrooms. They pick mushrooms for two hours.

"We have to go back to the car. Baron misses us," the father says. Everybody goes to the car. They approach the car.

"What is this?" Nancy cries. The car is missing its wheels! The wheels have been stolen! The dog is sitting in the cabin and looking at his family with a frightened look. A note is hanging on the window: "The dog isn't guilty. It barked!"

8

Чемоданы
The suitcases

A

Слова
Words

1. автобусе *(prep)* - bus
2. багажного *(gen)* - luggage
3. беседуют - talk
4. были - were
5. ваши - your
6. ведь - *interjection*
7. везут - take by transport
8. вечер - evening
9. вечернему *(adj prep)* - evening
10. вещи - things
11. видят - (they) see
12. вокзал - station
13. вызывают - (they) call
14. город - city; городе *(prep)*; городу *(prep)*
15. грустные - sad
16. далеко - far, long way
17. две - two
18. девушки - girls; девушкам *(dat)*; девушкой *(dat)*
19. делать - do, make
20. довезти - to take
21. доставала/достала - took out; достаёт - takes out
22. думала - thought
23. дяде *(dat)* - uncle; дяди *(gen)*
24. едет/ездит - goes (by transport); ехать - to go (by transport)
25. живёшь - (you) live
26. жизни *(gen)* - life
27. забрать - to take
28. забудьте *(imp)* - forget
29. знакомит - introduces; знакомится - gets acquainted
30. истории - stories
31. их - their
32. книги - books
33. летом - in the summer
34. ловить - to catch
35. мамой *(inst)* - mom; маму *(acc)*

36. месяц - month
37. на продажу *(acc)* - to sell
38. несёт - carries (in hands)
39. обеда *(gen)* - lunch
40. объясняет - explains
41. овощи - vegetables
42. отвезти - to take by transport
43. отделения *(gen)* - compartment
44. отдыхает - has a rest
45. перроне *(prep)* - platform
46. плоды - fruit
47. подумал/подумала - thought
48. поеду - (I) will go (by transport)
49. помог - helped
50. пора - it is time
51. приезжают - (they) arrive (by transport)
52. приходят - they come (on foot)
53. проведу - (I) will accompany
54. рано - early
55. речку *(acc)* - river
56. рыбу *(acc)* - fish
57. рядом - near, close
58. сад - garden; в саду *(prep)* - in the garden
59. свои *(pl)* - reflexive possess. pronoun
60. семьдесят - seventy
61. ситуацию *(acc)* - situation
62. собирается - is going
63. стоят - stand
64. сумку *(acc)* - bag
65. такси - taxi
66. твои - your
67. тебя *(acc)* - you
68. уверены - (are) sure
69. ужинают - have dinner
70. уходить - to go away
71. ходят - (they) go
72. хотите - (you) want
73. чаю *(gen)* - tea
74. чемоданы - suitcases; чемодана *(gen plr)*
75. читает - reads
76. этим *(inst)* - this

B

Чемоданы

Каждый год летом Давид ездит к дяде Филиппу. Дядя Филипп живёт один. Ему семьдесят лет. Обычно рано утром Давид и дядя Филипп ходят на речку ловить рыбу. Потом Давид помогает дяде собирать фрукты и овощи в саду. После обеда Давид отдыхает и читает книги. Вечером обычно Давид и дядя Филипп везут плоды на продажу. Потом они ужинают и беседуют. Дядя Филипп рассказывает Давиду истории из своей жизни. Давид обычно живёт у дяди Филиппа месяц и потом возвращается домой.
Этим летом Давид едет домой на автобусе от дяди Филиппа. В автобусе он сидит рядом с девушкой. Давид знакомится с девушкой. Её зовут Аня. Аня живёт в том же городе, что и Давид. Но Аня живёт далеко от его дома. Они приезжают в город. Давид помогает Ане забрать её вещи из багажного отделения. Аня достаёт два чемодана. Давид помогает ей и берёт чемоданы.
«Аня, я проведу тебя домой,» говорит Давид
«Хорошо. Но ведь ты живёшь далеко от меня,» отвечает Аня.

The suitcases

Every summer, David goes to visit his uncle Philippe. Uncle Philippe lives alone. He is seventy years old. David and uncle Philippe usually go fishing in the river early in the morning. Then David helps the uncle gather fruit and vegetables in the garden. After lunch David has a rest and reads books. David and uncle Philippe take fruit to sell in the evenings. Then they have dinner and talk together. Uncle Philippe tells David stories about his life. David usually stays at uncle Philippe's for a month and then goes back home.
David is coming home from uncle Philippe's by bus this summer. He is sitting next to a girl on the bus. David gets acquainted with the girl. Her name is Ann. Ann lives in the same city as David does. But Ann lives far away from his house. They arrive in the city. David helps Ann to get her bags from the luggage compartment. Ann gets two suitcases. David helps her and takes the suitcases.
"Ann, I'll walk you home," David says.
"OK. But you live far from me," Ann answers.

«Ничего, я поеду домой на такси,» отвечает он. Давид и Аня идут по вечернему городу и беседуют. Они приходят к Ане домой. Давид несёт вещи в дом. Аня знакомит Давида с мамой.
«Мама, это Давид. Давид помог мне довезти вещи,» говорит Аня.
«Добрый вечер,» говорит Давид.
«Здравствуйте,» отвечает мама Ани, «Хотите чаю?»
«Нет, спасибо. Мне пора уходить,» говорит Давид. Он собирается уходить.
«Давид, не забудьте свои чемоданы,» говорит мама Ани. Давид удивлённо смотрит на Аню и на её маму.
«Как? Это не твои чемоданы?» спрашивает Давид у Ани.
«Я думала, что это твои чемоданы,» отвечает Аня. Когда Аня доставала свою сумку из багажного отделения, она достала два чемодана. Давид подумал, что это чемоданы Ани. А Аня подумала, что это чемоданы Давида.
«Что же делать?» говорит Давид.
«Надо ехать на вокзал,» отвечает Аня, «И отвезти назад чемоданы.»
Аня и Давид вызывают такси и приезжают на вокзал. Они видят, что на перроне стоят две грустные девушки. Давид и Аня подходят к девушкам.
«Простите, это ваши чемоданы?» спрашивает Давид и объясняет им всю ситуацию. Девушки смеются. Ведь они были уверены, что их чемоданы украли.

"Never mind, I'll take a taxi," David answers. David and Ann walk through the evening city and talk. They come to Ann's house. David carries the bags into the house. Ann introduces David to her mom.
"Mom, this is David. David helped me to carry the bags," Ann says.
"Good evening," David says.
"Good evening." Ann's mom answers, "Would you like some tea?"
"No, thanks. I have to go," David says. He is preparing to leave.
"David, do not forget your suitcases," Ann's mom says. David looks at Ann and her mom in surprise.
"How's that? Aren't these your suitcases?" David asks Ann.
"I thought these were your suitcases," Ann answers. When Ann was getting her bag from the luggage compartment, she took the two suitcases out. David thought that these were Ann's suitcases. And Ann thought they were David's.
"What shall we do?" David says.
"We should go to the station," Ann answers, "And take back the suitcases."
Ann and David call a taxi and arrive to the station. There they see two sad girls on the platform. David and Ann come up to the girls.
"Excuse me, are these your suitcases?" David asks and explains all the situation to them. The girls laugh. They were sure that their suitcases had been stolen.

9

Профессор Леонидас
Professor Leonidas

A

Слова
Words

1. блюдо - dish
2. Бог - God; Богом *(inst)*
3. был - was
4. великим *(inst)* - great
5. волосы - hair
6. вопросы - questions
7. выучила - learned
8. главный - main; главным *(inst)*
9. глаза - eyes
10. готовит - prepares; готовлю - I prepare
11. грек - Greek; греков *(gen)*; греком *(inst)*
12. Греции *(gen)* - Greece
13. греческий - Greek; греческим *(inst)*; греческое *(inst)*
14. громче - louder
15. девушку *(acc)* - girl
16. длинные - long
17. если - if
18. ждёт - waits
19. журналистики *(gen)* - journalism
20. задание - assignment, task
21. Зевс - Zeus
22. известных *(gen plr)* - famous
23. имеет - has
24. иметь в виду - to mean; имеешь в виду - you mean
25. имена - names; имя - a name
26. кабинет - room
27. какое-нибудь - some
28. кличку *(acc)* - nickname
29. коллегам *(dat)* - colleagues
30. кухне *(prep)* - kitchen
31. лекции - lectures
32. лицом *(inst)* - face
33. мои - my
34. молчит - silent
35. мыслями *(inst)* - thoughts
36. наверно - probably

31

37. нахмуренным *(inst)* - frown
38. национальное - national; национальности *(prep)* - nationality
39. ответы - answers
40. оценки - marks
41. очереди *(gen sng)* - Line
42. пальцем *(inst)* - finger
43. парте *(prep)* - desk
44. первой *(prep)* - first
45. подсказать - to give a hint
46. полюбила - fell in love
47. помнит - remembers
48. потолок - ceiling
49. потому что - because
50. предмет - subject
51. предположение - guess
52. прекрасно - perfectly
53. преподаёт - teaches
54. проверить - to check
55. профессор - professor; профессора *(gen)*; профессору *(dat)*
56. пышные - magnificent
57. редко - rarely
58. самых *(gen)* - most
59. своим *(dat)* - *reflexive form of pers. possess. pronoun*
60. смелое - daring, brave
61. стол - desk; столу *(dat)*
62. студентка *(fem)* - student; студенты - students
63. стул - chair
64. тайком - secretly
65. тест - test; тестовое *(adj)* - test
66. трудные - difficult
67. факультете *(prep)* - department
68. хорошие - good
69. царя *(acc)* - king
70. чёрные - black
71. чувствую - (I) feel
72. эмоционально - emotionally
73. является - is

B

Профессор Леонидас

Давид учится в колледже на факультете журналистики. На факультете журналистики преподаёт профессор Леонидас. Он грек по национальности и преподаёт историю. Профессор Леонидас имеет кличку Зевс, потому что он очень эмоционально читает лекции и имеет пышные длинные волосы и большие чёрные глаза.
Сегодня у Давида тест по истории. Он любит этот предмет. Он много читает и всегда получает хорошие оценки.
Давид заходит в кабинет и берёт тестовое задание. Он садится за стол и готовит задание. Вопросы не трудные. Рядом с Давидом сидит Лена. Лена редко ходит на лекции профессора Леонидаса. Лена не любит историю. Она ждёт своей очереди. Затем Лена подходит к столу профессора Леонидаса и садится на стул.
«Это мои ответы на вопросы,» говорит Лена профессору и даёт ему тестовое задание.
«Хорошо,» профессор смотрит на Лену. Он прекрасно помнит, что Лена не ходит на его

Professor Leonidas

David studies at the journalism department at college. Professor Leonidas teaches at the journalism department. He is Greek and teaches history. Professor Leonidas has the nickname Zeus because he lectures very emotionally and has magnificent long hair and big black eyes.
Today David has a test in history. He likes the subject. He reads a lot and always gets good marks.
David enters the room and takes a test assignment. He sits down at the desk and does the assignment. The questions aren't difficult. Lena sits next to David. Lena rarely attends professor Leonidas's lectures. Lena doesn't like history. She is waiting for her turn. Then Lena goes to professor Leonidas's desk and sits down on a chair.
"These are my answers to the questions," Lena says to the professor and gives him the test assignment.
"Well," the professor looks at Lena. He

лекции, «Наверно, Лена хорошая студентка и хорошо учится,» думает профессор Леонидас. Но всё равно он хочет проверить девушку.
«Лена, кто главный греческий бог?» спрашивает профессор. Лена молчит. Она не знает. Профессор Леонидас ждёт. На первой парте сидит Юля. Юля хочет подсказать ей. Лена смотрит на Юлю. А Юля тайком показывает пальцем на профессора Леонидаса.
«Леонидас - главный греческий бог,» говорит Лена. Студенты смеются. Профессор Леонидас с нахмуренным лицом смотрит на неё. Потом он смотрит в потолок и собирается с мыслями.
«Если ты имеешь в виду царя Спарты Леонидаса, то богом он не был. Хотя он и был великим греком. Если ты имеешь в виду меня, то я чувствую себя богом, только когда у себя на кухне готовлю какое-нибудь национальное греческое блюдо,» профессор Леонидас внимательно смотрит на Лену, «Но всё равно спасибо за смелое предположение.»
Через несколько дней профессор Леонидас рассказывает своим коллегам, что он является главным греческим богом. Профессор смеётся громче всех. А Лена выучила имена всех самых известных греков и полюбила историю Греции.

remembers perfectly that Lena doesn't attend his lectures. "Lena is probably a good student and studies well," professor Leonidas thinks. But he still wants to quiz the girl.
"Lena, who is the main Greek god?" the professor asks. Lena is silent. She doesn't know. Professor Leonidas is waiting. Julia sits at the front desk. Julia wants to give her a hint. Lena looks at Julia. And Julia secretly points a finger at professor Leonidas.
"Leonidas is the main Greek god," Lena says. The students laugh out. Professor Leonidas looks at her with a frown. Then he looks at the ceiling and collects his thoughts.
"If you mean Leonidas, the king of Sparta, he wasn't a god. Though he also was a great Greek. If you mean me, then I feel like a god only in my kitchen when I prepare a national Greek dish." professor Leonidas looks at Lena attentively. "But anyway thank you for the daring guess."
Professor Leonidas tells his colleagues a few days later, that he is the main Greek god. The professor laughs loudest of all. And Lena learned the names of all the most famous Greeks and fell in love with the history of Greece.

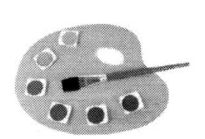

10

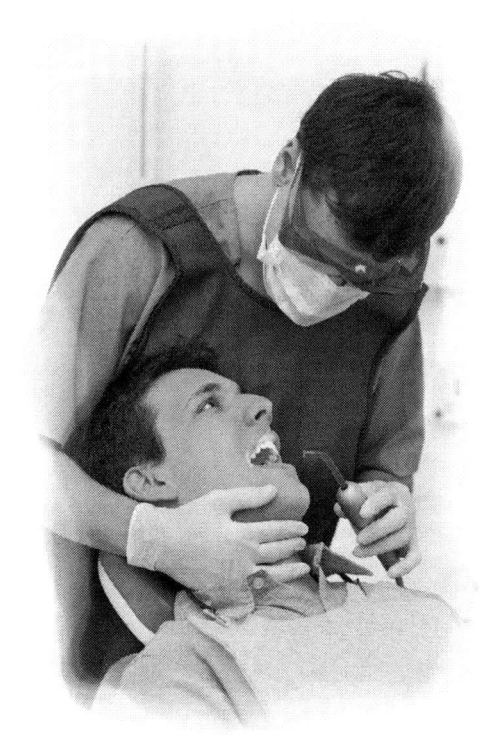

У стомат<u>о</u>лога
At the dentist

A

Слов<u>а</u>
Words

1. благодар<u>и</u>т - thanks
2. бол<u>и</u>т - hurts
3. больн<u>и</u>цу *(acc)* - hospital
4. бьёт - hits
5. в<u>а</u>ми *(inst sng)* - you
6. веч<u>е</u>рнюю *(adj acc)* - evening
7. вещь - thing
8. возм<u>о</u>жно - maybe
9. вр<u>е</u>мени *(gen)* - time
10. вспомин<u>а</u>ет - recalls
11. встреч<u>а</u>лись - met
12. где-то - somewhere
13. гот<u>о</u>вится - prepares
14. давн<u>о</u> - a long time ago
15. дв<u>е</u>ри - doors
16. д<u>е</u>лаете - (you) do
17. дня *(gen)* - day
18. дов<u>о</u>льно - contentedly
19. д<u>о</u>ктор - doctor; д<u>о</u>ктора *(gen)*; д<u>о</u>ктору *(dat)*
20. друг - friend
21. друж<u>а</u>т - are friends
22. закрыв<u>а</u>ется - closes; закрыв<u>а</u>ются - close
23. здор<u>о</u>в - healthy
24. зуб - tooth
25. испр<u>а</u>вить - to fix; исправл<u>я</u>ет - fixes
26. кварт<u>и</u>рах *(prep)* - apartments
27. кли<u>е</u>нтом *(inst)* - client
28. к<u>о</u>лледж - college
29. к<u>у</u>рсы - courses
30. л<u>е</u>чит - treats

31. ловят - catch
32. называется - is called
33. начальника *(acc)* - chief
34. недоработка - defect; недоработки - defects; недоработку *(acc)*
35. неправильно - badly, incorrectly
36. обращайтесь *(imp)* - come, turn to
37. окно - window
38. открывает - opens
39. открытым *(inst)* - open
40. отпустить - let go
41. пишет - writes
42. пожалуйста - you are welcome, please
43. понимаю - I see/understand
44. поставил - installed; поставлю - I'll install
45. поступать - to apply, to enter
46. потери *(gen)* - loss
47. правильно - correctly
48. проходит - goes on
49. работу *(acc)* - work
50. раньше - earlier
51. расстраивайтесь *(imp)* - get upset
52. рот - mouth; ртом *(inst)*
53. руки - hands
54. свободны - free
55. сказать - to say
56. слегка - slightly
57. смогу - I will be able
58. соглашается - agrees
59. стоматолога *(gen)* - dentist
60. строителей *(gen)* - builders; строительной *(adj prep)* - construction
61. счастливым *(inst)* - happy
62. устанавливает - installs
63. устраняете - (you) eliminate
64. фирмы *(gen)* - company
65. человеком *(inst)* - person
66. челюсти - jaws
67. чувствует - feels
68. широко - wide(ly)
69. школу *(acc)* - school
70. языке *(prep)* - terms, language

B

У стоматолога

У Давида есть друг Виктор. Давид и Виктор дружат давно. Виктор работает на строительной фирме. Он устанавливает двери в новых квартирах. Виктор не любит свою работу. Он тоже хочет учиться в колледже. Виктор уходит раньше с работы, потому что ходит в вечернюю школу. Он готовится поступать в колледж. Но сегодня Виктор просит своего начальника отпустить его не на курсы, а в больницу. У Виктора болит зуб. Зуб болит уже два дня. Он приходит в больницу и заходит в кабинет стоматолога.
«Здравствуйте, доктор!» говорит Виктор.
«Здравствуйте!» отвечает доктор.
«Доктор, мне кажется, мы с Вами где-то встречались,» говорит Виктор.
«Возможно,» отвечает доктор. Виктор садится на стул и широко открывает рот. Доктор лечит Виктору зуб. Все проходит хорошо. Доктор моет руки и говорит: «Ваш зуб теперь здоров. Вы свободны.»
Но Виктор не может ничего сказать, потому что

At the dentist

David has a friend named Victor. David and Victor have been friends for a long time. Victor works at a construction company. He installs doors in new apartments. Victor doesn't like his job. He wants to study at college, too. Victor leaves work earlier because he attends evening school. He prepares to apply to college. But Victor asks his chief today to let him go not to the classes, but to the hospital. Victor has a toothache. He has had a toothache for two days. He arrives at the hospital and comes into the dental surgery.
"Hello, doctor!" Victor says.
"Hello!" the doctor answers.
"Doctor, it seems to me that we have met somewhere before," Victor says.
"Maybe," the doctor answers. Victor sits down in a chair and widely opens his mouth. The doctor treats Victor's tooth. Everything goes well. The doctor washes his hands and says: "Your tooth is healthy now. You can

его рот не закрывается. Виктор показывает на рот.

«Понимаю Вас,» говорит доктор, «Не расстраивайтесь. На языке строителей эта вещь называется недоработка. Я смогу исправить эту недоработку завтра,» отвечает доктор.

В этот момент Виктор вспоминает, что доктор является клиентом их фирмы. Виктор неправильно поставил доктору двери. Двери доктора не закрываются. Виктор пишет доктору записку: «Я сейчас же поеду к Вам домой и правильно поставлю двери». Доктор соглашается. Виктор и доктор ловят такси. Виктор сидит в такси с открытым ртом и смотрит грустно в окно машины. Они приезжают домой к доктору. Виктор с открытым ртом исправляет недоработку. Доктор не благодарит Виктора. Он слегка бьёт Виктора по челюсти, и рот закрывается. Виктор чувствует себя счастливым человеком.

«Спасибо, доктор!» говорит он доктору, «Вы устраняете недоработки лучше строителей. Вы это делаете без потери времени,» говорит Виктор.

«Пожалуйста,» отвечает доктор довольно, «Обращайтесь, когда нужна помощь, пожалуйста.»

go."
But Victor can't say anything because his mouth doesn't close. Victor points to the mouth.
"I see," the doctor says. "Don't get upset! In builder's terms, this is called a defect. I can fix this defect tomorrow." the doctor answers.
At this moment Victor recalls that the doctor is a client of their company. Victor badly installed a door at the doctor's. The doctor's door doesn't close. Victor writes a note to the doctor: "I'll come to your place right now and install the door correctly."
The doctor agrees. Victor and the doctor take a taxi. Victor sits in the taxi with the open mouth and looks sadly through the car window. They come to the doctor's house. Victor fixes the defect with the open mouth. The doctor doesn't thank Victor. He hits Victor slightly on the jaw and the mouth closes. Victor is happy.
"Thank you, doctor!" he says to the doctor, "You eliminate defects better than builders. You do it without a loss of time," Victor says.
"You're welcome," the doctor says contentedly, "Come when you need help, please."

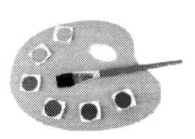

11

Справедливость торжествует!
Justice triumphs!

A

Слова
Words

1. а́втора *(gen)* - author
2. англи́йская - English
3. аудито́рию *(acc)* - classroom
4. безду́мно - thoughtless, careless
5. ва́ше - your
6. ва́шими *(inst)* - your
7. впечатлён - impressed
8. вхо́дит - enters
9. вы́сшей *(gen)* - highest; вы́сшую *(acc)*
10. вы́шли - left, went out
11. глаза́х *(prep)* - eyes
12. гля́дя - looking
13. говоря́т - (they) say
14. дома́шние - home
15. дорого́й - dear
16. други́м *(dat plr)* - other; други́х *(gen plr)*
17. дух - spirit
18. жил - stayed, lived
19. зака́нчивает - finishes
20. заме́чу - (I) will notice
21. заслу́живает - deserves
22. знал - knew; зна́ют - they know
23. иде́я - idea
24. иди́ *(imp)* - go
25. изуча́ют - (they) study
26. иска́л - looked for
27. испо́ртить - to spoil
28. кла́сса *(gen)* - classroom
29. компете́нтное - competent
30. контро́льные - test
31. лёгкий - easy; легко́ - easily
32. лени́вый - lazy
33. литерату́ра - literature
34. лу́чшего *(masc gen)* - better; лу́чшей *(fem gen)*
35. льстишь - (you) flatter
36. лю́бят - (they) like
37. ма́ло - little
38. меня́ть - to change
39. мной *(inst)* - me

40. написание - writing; написанное - written
41. напоминаете - (you) remind
42. немного - a little
43. нерешительно - hesitantly
44. неумело - poorly
45. низкую *(acc)* - low
46. обманешь - (you) will cheat
47. общежитии *(prep)* - dorms
48. оно - it
49. особенно - especially
50. открыли - opened
51. относятся - (they) treat
52. оценку *(acc)* - mark
53. парень - guy
54. писатель - writer
55. подойдите *(imp)* - come up
56. полностью - whole, everything
57. получил - got
58. помни *(imp)* - remember
59. понравилась - liked
60. поставили оценку - gave a mark
61. почувствовать - to feel
62. появился - appeared
63. превосходная - excellent
64. прежних *(gen plr)* - former
65. преподаватели - teachers; преподаватель - teacher; преподавателю *(dat)*
66. признаюсь - (I) will admit
67. приключения - adventures
68. продолжает - continues
69. произведение - work; произведения *(gen)*; произведениями *(inst plr)*
70. прославился - became famous
71. работа - work; работах *(plr prep)*
72. радостно - merrily
73. раздаёт - hands out
74. решил - decided
75. руках *(plr prep)* - hands
76. садитесь *(imp)* - sit down
77. сделали - did
78. серьёзно - seriously
79. совсем - just, absolutely
80. сочинение - essay, composition; сочинения - essays; сочинениями *(inst)*
81. списали *(plr)* - copied; списывал *(sng)* - copied
82. справедливость - justice
83. старательно - carefully
84. стиль - style
85. страх - fear
86. строже - more strictly
87. студентам *(dat)* - students; студентов *(gen)*
88. студенческие - students'
89. такими - the
90. такое - this
91. творчество - creative work
92. темы *(g)* - of a theme
93. торжествует - triumphs
94. удивления *(gen)* - amazement
95. ума *(gen)* - intelligence
96. умный - smart
97. уровнем *(inst)* - level
98. урок - lesson; урока *(gen)*
99. учился - studied
100. учитель - teacher; учителю *(dat)*
101. хвалит - praises
102. хитро - slyly
103. хороший - good
104. часто - often
105. чем-то - in some way
106. честно - honestly
107. читал - read *(past)*
108. чужое - somebody else's
109. шедевр - masterpiece

B

Справедливость торжествует!

Роберт живёт в общежитии. У него много друзей. Его любят все студенты. Но преподаватели знают, что Роберт иногда ленивый. Поэтому они относятся к Роберту,

Justice triumphs!

Robert lives in the dorms. He has a lot of friends. All the students like him. But teachers know that Robert is sometimes lazy. That's why they treat Robert more strictly than other

строже, чем к другим студентам.
Сегодня первый урок у Роберта английская литература. Студенты старательно изучают творчество Чарльза Диккенса. Этот писатель прославился такими произведениями, как: «Приключения Оливера Твиста», «Домби и сын», «Дэвид Копперфильд»...
Сегодня преподаватель должен проверить домашние сочинения. Учитель входит в аудиторию. В его руках студенческие работы.
«Добрый день. Садитесь, пожалуйста,» говорит преподаватель, «Я доволен вашими сочинениями. Особенно мне понравилась работа Роберта. Признаюсь вам честно, что лучшего произведения о Диккенсе я не читал. Превосходная идея, компетентное написание, легкий стиль. Тут даже высшей оценки мало.»
Студенты открыли рты от удивления. Такое про Роберта говорят не часто. Затем преподаватель говорит о других работах, но никого больше так же не хвалит. Потом он раздаёт студентам работы. Когда он проходит возле Роберта, то говорит ему: «Подойдите ко мне, пожалуйста, после урока.»
Роберт удивлён. После урока он подходит к преподавателю. Студенты уже вышли из класса.
«Роберт, вы умный и хороший парень,» говорит преподаватель, «Вы даже чем-то напоминаете меня. Я тоже учился в этом колледже. И жил в том же общежитии, что и вы.»
Роберт не понимает, что хочет сказать преподаватель. Но преподаватель хитро смотрит и продолжает: «Я тоже искал контрольные работы прежних студентов. Но я списывал с них совсем немного, чтобы почувствовать дух темы. И я никогда не списывал работу бездумно и полностью, как это сделали Вы.»
В глазах Роберта появился страх.
«Именно так, дорогой мой. Вы не просто списали чужое произведение. Вы списали произведение, написанное мной много времени назад,» продолжает преподаватель.
«Так почему вы поставили мне высшую оценку?» нерешительно спрашивает Роберт.
«А потому что тогда я получил за него низкую оценку! И я всегда знал, что оно заслуживает намного лучшей оценки! И вот теперь

students.
It is Robert's first lesson is English literature today. Students carefully study Charles Dickens's work. This writer became famous with works like The Adventures of Oliver Twist, Dombey and Son, David Copperfield and so on.
The teacher has to check homework essays today. The teacher enters the classroom. He holds the students' work in his hands.
"Hello. Sit down, please," the teacher says, "I am satisfied with your essays. I especially like Robert's work. I admit to you honestly that I have never read a better work about Dickens. Excellent concept, competent writing, easy style. Even the highest mark is not enough here."
Students open their mouths in amazement. People don't often say things like that about Robert. Then the teacher talks about other works, but doesn't praise anybody the same way. Then he hands out the works to the students. When he passes Robert, he says to him: "Come to see me after the lesson, please."
Robert is surprised. He comes up to the teacher after the lesson. Students already left the classroom.
"Robert you're a smart and good guy," the teacher says, "You even remind me of myself in some ways. I also studied in this college. And I stayed in the same dorms as you do."
Robert does not understand what the teacher means. But the teacher looks at him slyly and continues: "I looked for former students' tests too. But I copied from them just a little to feel the spirit of a theme. And I never copied everything thoughtlessly as you did."
A fear appears in Robert's eyes.
"That's it, my dear. You have not only copied somebody else's work, you have copied a work written by me a long time ago," the teacher continues.
"Then why have you given me the highest mark, professor?" Robert asks hesitantly.
"Because then I got a low mark for it! And I always knew that it deserved a much better mark! And here justice triumphs now!!" the

справедливость торжествует!!» радостно смеётся преподаватель.
«Когда я списывал Ваше сочинение, я был впечатлён уровнем ума автора,» говорит Роберт, «Поэтому я решил ничего не менять, чтобы не испортить этот шедевр, учитель,» Роберт смотрит в глаза учителю.
«Ты очень неумело льстишь, Роберт,» отвечает учитель, серьёзно глядя на Роберта, «Иди и помни, что каждый раз, когда ты обманешь, я легко это замечу! Это понятно?» заканчивает учитель.

teacher laughs merrily.
"When I was copying your composition, I was impressed by the level of intelligence of the author," says Robert, "So I decided not to change anything to not to spoil this masterpiece, professor," Robert looks in the teacher's eyes.
"You flatter very poorly, Robert," the teacher answers looking seriously at Robert, "Go and remember that any time you cheat, I will spot it easily because I have had a lot of experience. Is it clear?" the teacher finishes.

12

Где м<u>о</u>ре?
Where is the sea?

A

Слов<u>а</u>
Words

1. англ<u>и</u>йский - English; англ<u>и</u>йском *(prep)*
2. бо<u>и</u>тся - is afraid
3. вед<u>ё</u>т - leads
4. в<u>и</u>дела - saw
5. возьм<u>у</u> - (I) will take
6. вокр<u>у</u>г - around
7. врач - doctor
8. вся - whole; для всей - for the whole
9. вт<u>о</u>рник - Tuesday
10. выгл<u>я</u>дят - (they) look
11. выходн<u>ы</u>е - weekend, days off
12. вых<u>о</u>дят - (they) go out
13. голов<u>о</u>й *(inst)* - head
14. город<u>о</u>к - small city
15. г<u>о</u>сти - guests
16. дав<u>а</u>й - let's
17. д<u>а</u>льше - further
18. дв<u>а</u>дцать - twenty
19. д<u>е</u>вушка - girl; д<u>е</u>вушки - girls
20. д<u>е</u>лал *(sng)* - made; д<u>е</u>лали *(plr)*
21. д<u>е</u>сять - ten
22. дойд<u>ё</u>те - (you) will come to
23. дор<u>о</u>га - way; дор<u>о</u>ге *(prep)*; дор<u>о</u>гу *(acc)*
24. дочь - daughter
25. д<u>у</u>мали - thought
26. д<u>я</u>дей *(inst)* - uncle
27. жив<u>у</u>т - (they) live
28. заблуд<u>и</u>ться - to get lost
29. загор<u>а</u>ть - to sunbathe
30. звон<u>о</u>к - a ring
31. ивр<u>и</u>т - Hebrew; ивр<u>и</u>те *(prep)*
32. ид<u>и</u>те *(imp)* - go; идт<u>и</u> - to go
33. Изр<u>а</u>иль - Israel
34. <u>и</u>мя - name

41

35. каждые - every
36. кивает - nods
37. Киеве *(prep)* - Kiev
38. комплимент - compliment; два комплимента *(gen plr)* - two compliments; несколько комплиментов *(gen plr)* - some compliments
39. конца *(gen)* - end
40. которой *(prep)* - who, that
41. купальник - swimsuit; купаться - to swim
42. мимо - past
43. минут *(gen)* - minutes
44. мобильный - mobile
45. море - sea; морю *(dat)*; моря *(gen)*
46. мужчина - man
47. названием *(inst)* - name
48. найдём - (we) will find
49. направо - to the right
50. неплохо - not bad
51. никто - nobody
52. нравится - like
53. одинаковых *(gen plr)* - same
54. оказывается - it turns out
55. отвозит - takes (by transport)
56. отель - hotel; отеля *(gen)*
57. отец - father; отца *(gen)*; отцу *(dat)*
58. отсюда - from here
59. папой *(inst)* - dad
60. парк - park
61. перекрёстка *(prep)* - intersection
62. по сторонам - around
63. по-английски - in English
64. поверните *(imp)* - turn
65. подожди *(imp)* - wait
66. по-другому - in different way
67. пойдём - let's go; пойти - to go
68. полотенце - towel
69. полчаса - half an hour
70. предлагает - offers, suggests
71. приехала - came (by transport)
72. пришла - came (on foot); пришли *(plr)*
73. приятно - nicely
74. продавца *(acc)* - salesman
75. пройти - to go, to pass
76. проходят - they pass
77. рассказать - to tell
78. рынка *(gen)* - people's market
79. садятся - (they) sit down
80. самый - most
81. свернёте - (you) will turn
82. своему *(dat)* - to his *(reflexive pronoun)*
83. свой - his *(reflexive pronoun)*
84. скажите *(imp)* - tell, say
85. скамейку *(acc)* - bench
86. слева - on the left
87. слушает - listens
88. слышит - hears
89. смотрят - (they) look
90. сосед - neighbor
91. справа - on the right
92. спросим - (we) will ask
93. столица - capital
94. таким - such
95. там - there
96. твоя - your
97. телефон - telephone
98. Тель-Авив - Tel Aviv
99. тётя - aunt; тёте *(dat)*; тётей *(inst)*; тётю *(acc)*
100. тобой *(prep)* - you
101. удачи - good luck
102. удивлены - are surprised; удивляется - is surprised
103. узнаю - (I) will recognize
104. улицы - streets
105. ходили - went
106. час - hour

B

Где море?

Where is the sea?

Аня, подруга Давида, этим летом приезжает в гости к своим тёте и дяде в Израиль. Тётю зовут Яэль, а имя дяди - Натан. У них есть сын Рами. Натан, Яэль и Рами живут в Тель-Авиве. Тель-

Anna, David's friend, is traveling to Israel to visit her aunt and uncle this summer. The aunt's name is Yael, and the uncle's name is Nathan. They have a son named Ramy.

Авив - это столица и самый большой город в Израиле. Ане очень нравится здесь. Каждые выходные она с дядей и тётей ходят к морю. Аня любит купаться и загорать.
Сегодня вторник. Дядя Натан идёт на работу. Он врач. Тётя Яэль готовит еду для всей семьи. Аня очень хочет пойти к морю, но боится идти одна. Она хорошо знает английский, но совсем не знает иврит. Аня боится заблудиться. Она слышит звонок в дверь.
«Это твоя подруга Нина,» говорит тётя Яэль. Аня очень рада, что к ней пришла подруга. Нина живёт в Киеве. Сейчас она приехала в гости к своему отцу. Её отец - сосед дяди Натана. Нина неплохо говорит по-английски.
«Пойдём к морю,» предлагает Нина.
«А как мы найдём дорогу?» спрашивает Аня.
«Это Израиль. Здесь почти все говорят по-английски,» отвечает Нина.
«Подожди, я возьму купальник и полотенце,» просит Аня. Через десять минут девушки выходят на улицу. Им навстречу идёт мужчина с ребенком.
«Простите, как пройти к морю?» спрашивает у него Аня на английском.
«Дочь моря?» спрашивает мужчина. Ане приятно, что мужчина делает ей комплимент. Она кивает головой.
«Это довольно далеко. Идите до конца улицы, там свернёте направо. Когда дойдёте до перекрёстка, снова поверните направо. Удачи,» говорит мужчина.
Аня и Нина идут двадцать минут. Они проходят мимо рынка. Затем они проходят мимо отеля.
«Я не узнаю этот отель. Когда мы с папой ходили к морю, я его не видела,» говорит Нина.
«Давай снова спросим дорогу,» предлагает Аня.
«Эта дорога ведёт к морю, не так ли?» спрашивает Нина у продавца из магазина.
«Да, Дочь моря,» кивает продавец.
«Это очень странно. Сегодня нам с тобой сделали два одинаковых комплимента,» говорит Аня Нине. Девушки удивлены. Они идут дальше по дороге полчаса.
«Мне кажется, что мы уже были на улице с таким названием,» говорит Аня.
«Да, но дома вокруг выглядят совсем по-другому,» отвечает Нина.

Nathan, Yael and Ramy live in Jerusalem. Jerusalem is the capital and the biggest city in Israel. Anna likes it there. She go to the sea every weekend with her uncle and aunt. Anna likes swimming and sunbathing.
Today is Tuesday. Uncle Nathan goes to work. He is a doctor. Aunt Yael cooks a meal for the whole family. Anna wants to go to the sea very much, but she is afraid to go alone. She knows English well, but doesn't know Hebrew at all. Anna is afraid to get lost. She hears the doorbell ring.
"This is your friend Nina," aunt Yael says. Anna is very glad that her friend came to see her. Nina lives in Kiev. She is visiting her father. Her father is uncle Nathan's neighbor. Nina speaks English well enough.
"Let's go to the sea," Nina suggests.
"How will we find our way?" Anna asks.
"It's Israel. Almost everybody here speaks English," Nina answers.
"Wait a minute, I'll take a swimsuit and a towel," Anna says. Ten minutes later the girls go outside. A man with a child walks toward them.
"Excuse me, how can we get to the sea?" Anna asks him in English.
"Daughter of the sea?" the man asks. Anna is glad that the man pays a compliment to her. She nods her head.
"It is quite far away. Go to the end of the street then turn to the right. When you get to the intersection, turn to the right again. Good luck," the man says.
Anna and Nina walk for twenty minutes. They pass a market. Then they go past a hotel.
"I don't recognize this hotel. When we went to the sea with my dad, I didn't see it," Nina says.
"Let's ask for directions again," Anna suggests.
"This way leads to the sea, doesn't it?" Nina asks a shop salesman.
"Yes, Daughter of the Sea," the salesman nods.
"It is very strange. They have paid you and me the same compliment two times today," Anna says to Nina. The girls are surprised. They

43

«Скажите, как далеко отсюда идти до моря?» спрашивает Нина у женщины с собакой.
«Дочь моря?» спрашивает женщина. Нина удивляется. Раньше женщины никогда не делали ей комплиментов. Нина кивает головой.
«Вы уже на месте,» отвечает женщина и идёт дальше. Аня и Нина смотрят по сторонам. Справа от них дома. Слева - дорога, по которой едут машины.
«Где же здесь море?» спрашивает Аня. Нина не отвечает. Она достаёт свой мобильный телефон и звонит своему отцу. Отец просит Нину рассказать всю историю. Девушка рассказывает ему всё, затем слушает отца и смеётся.
«Аня, папа говорит, что мы пришли в другой город. Оказывается, никто не делал нам комплиментов. Они думали, что мы идём в маленький городок, который называется Дочь Моря. Это Бат-Ям на иврите,» говорит Нина. Теперь и Аня тоже смеётся. Девушки идут в парк и садятся на скамейку. Через час на машине приезжает отец Нины и отвозит их к морю.

walk on along the road for half an hour.
"It seems to me that we have already been on a street with the same name," Anna says.
"Yes, but the houses around look completely different," Nina answers.
"Could you tell us, how long does it take to walk from here to the sea?" Nina asks a woman with a dog.
"Daughter of the sea?" the woman asks. Nina is surprised. Women have never paid her compliments before. She nods.
"You're already here," the woman says and goes on. Anna and Nina look around. There are some houses on the right. There is a road on the left.
"Where is the sea here?" Anna asks. Nina doesn't answer. She takes out her telephone and calls her father. The father asks Nina to tell him all the story. The girl tells him everything, then listens to her father and laughs.
"Anna, my father says that we got to another city. It turns out that nobody paid us any compliments. They thought that we were going to a small town, named Daughter of the Sea. It is Bat Yam in Hebrew," Nina says. Now Anna laughs, too. The girls go to a park and sit down on a bench. Nina's father arrives in an hour and takes them to the sea.

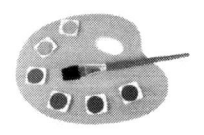

13

Маленькая рабо́та
A small job

A

Слова́
Words

1. вме́сто - instead of
2. внима́ния *(gen)* - attention
3. во́ду *(acc)* - water
4. вспо́мнить - to remember
5. втора́я - second
6. вы́ставки *(gen)* - exhibition; вы́ставку *(acc)*
7. гуля́ют - (they) walk
8. да́ли - gave
9. за́няты - are busy
10. звать - to call; зовёт - calls
11. игра́ют - (they) play
12. и́мени *(prep sng)* - name
13. исто́рия - story
14. ка́ждой *(dat)* - each; ка́ждую *(acc)*
15. каку́ю - which
16. капри́зная - capricious
17. кис-кис - kitty kitty
18. кле́тках *(plr prep)* - cages; кле́тке *(sng prep)*
19. ко́мнате *(prep)* - room
20. ко́шки - cats; ко́шек *(acc)*; ко́шками *(inst)*
21. краси́вая - pretty
22. крокоди́л - crocodile
23. куса́ет - bites
24. куса́чая - biting
25. ле́гче - easier
26. любу́ю *(acc)* - random, any
27. ми́лых *(gen)* - fine
28. мячо́м *(inst)* - ball
29. написа́ть - to write
30. настоя́щий - true, real
31. неизве́стно - is not clear
32. не́кому *(dat)* - nobody
33. нельзя́ - one cannot
34. нога́ - leg; но́гу *(acc)*
35. обраща́ют внима́ние - pay attention
36. остальны́е - other
37. осторо́жно - cautiously, carefully
38. отве́тственное - important
39. отвора́чиваются - turn away
40. отгада́ть - to guess
41. охраня́л - guarded
42. пе́рвая - first
43. перепу́тал - mixed up
44. плоха́я - bad
45. подпи́сывает - writes, inscribes

46. подрабо́тать - to work part time
47. попи́ть - to drink a little
48. посади́ть - to put *(for animate)*
49. пошли́ - went
50. приду́мать - to think out
51. произошла́ - happened
52. пя́тая - fifth; пя́тую *(acc)*
53. роня́ет - drops
54. сдать - hand over; сдать экза́мен - to take an exam
55. сза́ди - behind
56. сидя́т - sit

57. сотру́дница - employee
58. сто́рожем *(inst)* - guard
59. тре́тья - third
60. укуси́ла - bit
61. ухо́дят - go away; ушли́ - went
62. хи́трая - sly
63. чай - tea
64. ча́шку *(acc)* - cup
65. четвёртая - fourth
66. экза́мен - exam
67. э́тих *(acc)* - these

B

Ма́ленькая рабо́та

Весёлая исто́рия произошла́ с Ро́бертом ле́том. Вот как всё бы́ло. Реши́л Ро́берт ле́том подрабо́тать сто́рожем. Он охраня́л вы́ставку ко́шек. Одна́жды Ро́берту да́ли отве́тственное зада́ние. Он до́лжен был посади́ть ко́шек в кле́тки. Та́кже на ка́ждой кле́тке он до́лжен был написа́ть и́мя ко́шки.
«Хорошо́,» говори́т Ро́берт, «Как зову́т э́тих ми́лых ко́шек?»
«Ко́шка сле́ва - Том, ря́дом с ней - Джерри, сза́ди - Ми́кки, спра́ва - Сни́керс и Баро́н,» объясня́ет ему́ сотру́дница вы́ставки. Все ухо́дят, и остаётся Ро́берт с ко́шками оди́н. Он хо́чет попи́ть чай. Он пьёт чай и смо́трит на ко́шек. Пе́рвая ко́шка умыва́ется. Втора́я в окно́ смо́трит. Тре́тья и четвёртая ко́шки по ко́мнате гуля́ют. А пя́тая ко́шка подхо́дит к Ро́берту. Вдруг она́ куса́ет его́ за но́гу. Ро́берт роня́ет ча́шку. Нога́ у него́ си́льно боли́т.
«Плоха́я ко́шка, о́чень плоха́я!» кричи́т он, «Ты не ко́шка. Ты же настоя́щий крокоди́л! Нельзя́ так де́лать. Ты Том или Джерри? Нет, ты Ми́кки! Или Сни́керс? Или мо́жет быть Баро́н?» тут Ро́берт понима́ет, что перепу́тал ко́шек. Не зна́ет, каку́ю ко́шку, как зову́т, и не мо́жет посади́ть ка́ждую в свою́ кле́тку. Ро́берт начина́ет ко́шек по и́мени звать.
«Том! Джерри! Ми́кки! Сни́керс, Баро́н!» но ко́шки не обраща́ют внима́ния. Они́ за́няты свои́ми дела́ми. Две игра́ют с мячо́м. Одна́ во́ду пьёт. А остальны́е пошли́ ку́шать. Как

A small job

A funny thing happened to Robert in the summer. Here is what happened. Robert decided to earn some money as a guard during the summer. He guarded an exhibition of cats. Once an important task was given to Robert. He had to put the cats into cages. He also had to write a cat's name on each of the cage.
"OK," Robert says, "What are the names of these fine cats?"
"The cat on the left is Tom, the next one is Jerry, Mickey is in the back, Snickers and Baron are on the right," an employee of the exhibition explains to him. Everybody goes away and Robert stays alone with the cats. He wants to drink some tea. He drinks tea and looks at the cats. The first cat is cleaning itself. The second one is looking out the window. The third and fourth are walking around the room. And the fifth cat approaches Robert. Suddenly it bites him on the leg. Robert drops the cup. His leg hurts badly.
"You're a bad cat, very bad!" he cries, "You aren't a cat. You're a true crocodile! You can't do that. Are you Tom or Jerry? No, you're Mickey! Or Snickers? Or maybe Baron?" then suddenly Robert realizes that he mixed up the cats. He doesn't know the cats' names and cannot put each cat into its own cage. Robert begins to call out the cats' names.
"Tom! Jerry! Mickey! Snickers, Baron!" but the cats pay no attention to him. They are busy with their own matters. Two cats are playing with a

вспомнить, как зовут каждую кошку? И помочь Роберту некому. Все уже домой ушли. Тут Роберт зовёт: «Кис-кис-кис». Все кошки сразу смотрят на Роберта. Что теперь делать? Все кошки смотрят на Роберта, потом отворачиваются и садятся у окна. Они сидят и смотрят в окно.

Все они сидят тут, и неизвестно как их зовут. Роберт не может ничего придумать. Легче экзамен сдать, чем отгадать имя каждой кошки.

Тогда решает Роберт посадить каждую из кошек в любую клетку. Он пишет на клетках вместо имени вот что - Красивая, Смелая, Хитрая, Капризная. Пятую кошку, которая укусила Роберта, подписывает так - Осторожно! Кусачая кошка!

ball. Another one is drinking water. And the others went to have some food. How can he remember the cats' names now? And there is nobody to help Robert. Everybody went home already. Then Robert calls out "Kitty kitty!" All the cats turn to once to Robert. What to do now? All the cats look at Robert then turn away and sit down by the window. They sit and look out of the window.

They all sit there, and it isn't clear what their names are. Robert can't think of anything. It is easier to pass an exam than to guess the name of each cat.

Then Robert decides to put each cat in a random cage. Here is what he writes on the cages instead of the names - Pretty, Brave, Sly, Capricious. Robert names the fifth cat, the one that bit him, this way: "Caution! Biting cat."

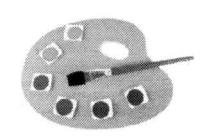

14

Держи!
Hold!

A

Слова
Words

1. автобус - bus; автобуса *(gen)*; автобусу *(dat)*
2. бассейн - swimming pool
3. бежать - to run
4. библиотеки *(gen)* - library
5. благополучно - happily, safely
6. водителя *(acc)* - driver
7. выполняет - fullfills, does
8. высокую - high
9. газеты - newspapers
10. городском *(adj prep)* - public, city
11. держи *(imp)* - hold; держит - holds; держу - I hold
12. дороги *(gen)* - way
13. ждать - to wait
14. журналы - magazines
15. задания - tasks, assignments
16. задержать - to detain
17. занятий *(gen)* - lessons
18. зарплату *(acc)* - salary
19. классным *(inst)* - top-notch
20. которым *(prep)* - who, that
21. крепко - tight
22. лекций *(gen)* - lectures
23. либо - or
24. любопытством *(inst)* - interest, curiosity
25. мадам - madam
26. метро - subway
27. негодяя *(acc)* - scoundrel
28. недалеко - not far
29. номер - issue (of a newspaper)
30. обгоняет - overtakes
31. обедать - to have lunch
32. обедом *(inst)* - lunch
33. опаздывает - is late
34. остановке *(prep)* - (bus) stop
35. остаются - remain
36. отдыхают - have a rest

37. отправляющегося *(gen)* - departing
38. пожилая - elderly
39. полицейский - policeman; полицейского *(acc)*
40. получать - to get, to earn
41. попросил - asked
42. проводит время - spends time
43. пятницу *(acc)* - Friday
44. разговаривают - talk
45. ремонте *(prep)* - repair(s)
46. свежий - last (about a newspaper or magazine)
47. секунд *(acc)* - seconds
48. собственной *(prep)* - own
49. специалистом *(inst)* - professional
50. специальности *(prep)* - field, profession
51. спешу - (I am) in hurry
52. спускается - goes down
53. среду *(acc)* - Wednesday
54. старается - does his best
55. терять - to lose
56. транспорте *(prep)* - transport
57. тренированным *(inst)* - trained
58. уйдите *(imp)* - get away
59. успевает - is in time
60. хватает - catches, grabs
61. хорошим *(inst)* - good
62. человека *(acc)* - man
63. четыре - four
64. шутят - (they) joke

B

Держи!

Hold!

Давид учится в колледже. Обычно Давид ездит в колледж на собственной машине. Но сейчас его машина в ремонте. Поэтому Давид ездит в колледж на городском транспорте - сначала на автобусе, а потом в метро. После лекций Давид идёт с друзьями в кафе обедать. За обедом друзья разговаривают, шутят и отдыхают от занятий. Потом Давид идёт в библиотеку и проводит там четыре часа. Он выполняет задания, читает новые книги и журналы по своей специальности. Давид старается и хорошо учится. Он хочет быть классным специалистом и получать высокую зарплату. В среду и пятницу Давид уходит из библиотеки на два часа раньше и идёт в бассейн. Давид хочет быть не только хорошим специалистом, но и тренированным человеком. Вечером Давид либо встречается с друзьями, либо сразу едет домой.

Сегодня, по дороге домой, он покупает свежий номер газеты и спускается в метро. Давид выходит из метро и видит, что его автобус уже стоит на остановке. Давид понимает, что опаздывает на этот автобус. Он видит, что к автобусу бежит пожилая женщина. Давид тоже начинает бежать. Он обгоняет женщину и бежит дальше. Женщина тоже видит, что не успевает. Она тоже не хочет терять время и

David studies at college. David usually drives to college in his own car. But now his car is being repaired. So David goes to college on public transportation - first by bus, then by subway. After lectures David goes with his friends to a café to have lunch. While they are having lunch, the friends talk, joke and have a rest from the lessons. Then David goes to the library and spends four hours there. He finishes some assignments, reads new books and magazines in his field. David is careful and studies well. He wants to be a top-notch professional and earn a good salary. On Wednesday and Friday David leaves the library two hours earlier and goes to the swimming pool. David wants to be not just a good professional, but a well trained man too. In the evening David meets his friends or goes straight home.

Today, on the way home, he buys the last issue of the newspaper and goes down into the subway. David comes out of the subway and sees that his bus is already at the bus stop. He realizes that he is late for this bus. He sees an old woman running to the bus. David starts to run too. He overtakes the woman and runs further. The woman sees that she is late, too. She doesn't want to lose time and wait for the

49

ждать сле́дующий авто́бус. Она́ кричи́т Дави́ду: «Держи́ его́!» Же́нщина хо́чет, что́бы Дави́д попроси́л води́теля задержа́ть авто́бус на не́сколько секу́нд. Недалеко́ от авто́буса стои́т полице́йский. Он слы́шит, что кричи́т же́нщина. Полице́йский ду́мает, что задержа́ть ну́жно челове́ка, за кото́рым бежи́т же́нщина. Он хвата́ет Дави́да и кре́пко его́ де́ржит. Же́нщина подбега́ет к авто́бусу.

«Мада́м, я держу́ э́того негодя́я!» говори́т полице́йский. Же́нщина удивлённо смо́трит на полице́йского и говори́т: «Уйди́те с доро́ги, пожа́луйста! Я спешу́.» Она́ благополу́чно захо́дит в авто́бус и две́ри закрыва́ются. На остано́вке остаю́тся Дави́д и полице́йский. А же́нщина смо́трит на них с любопы́тством из окна́ отправля́ющегося авто́буса.

next bus. She shouts to David: "Hold it!" The woman wants David to ask the driver to hold the bus for a few seconds. There is a policeman not far from the bus. He hears what the woman shouts. The policeman thinks that he has to detain the man the woman is running after. He catches David and holds him tight. The woman runs up to the bus.

"Madam, I am holding this scoundrel!" the policeman says. The woman looks at the policeman with amazement and says: "Get out of the way, please! I'm in hurry!"

She happily gets on bus and the doors close. David and the policeman remain at the bus stop. And the woman looks at them with interest from the window of the departing bus.

15

Чудесный подарок
A wonderful present

A

Слова
Words

1. аквариум - aquarium; аквариуме *(prep)*
2. багажник - trunk
3. Библию *(acc)* - Bible
4. верёвка - rope; верёвки *(gen)*; верёвку *(acc)*
5. ветка - branch
6. влетает - flies in
7. вниз - down
8. дарит - gives as a gift
9. двигается - moves
10. детский сад - kindergarten
11. детям *(dat)* - children
12. длинную *(acc)* - long
13. дому *(dat)* - house
14. другую *(acc)* - another
15. заводит - starts up
16. закрывает - closes
17. заставить - to make, to force
18. значит - then, it means
19. знаю - (I) know
20. золотыми *(inst)* - golden; золотых *(acc)*
21. какой-то - a, some
22. конец - end
23. котёнок - kitten; котёнка *(gen)*; котёнком *(inst)*
24. котором - which, that
25. летит - flies
26. маме *(dat)* - mother; мамы *(gen)*
27. мечтает - dreams
28. молись *(imp)* - pray
29. мотор - engine
30. мурлычет - purrs
31. на цыпочки - on tiptoe
32. наклоняется - bends over

33. натягивает - pulls over
34. нашёл - found
35. нежно - gently, tender
36. ниже - lower
37. об - about
38. ой - oh
39. окном *(inst)* - window
40. опускается - bows, goes low
41. отъезжает - drives off
42. паркует - parks
43. подарков *(gen)* - presents
44. пороге *(prep)* - threshold
45. послушная - obedient
46. привязывает - ties
47. проезжает - drives past/to
48. протягивает - holds out
49. пять - five
50. рвётся - rips apart
51. рисовать - to paint
52. рождество - Christmas; рождеству *(dat)*
53. рукой *(inst)* - hand; руку *(acc)*
54. рыбками *(plr inst)* - fish; рыбках *(plr prep)*
55. святой - saint; святому *(dat)*
56. себе *(dat)* - *reflexive pronoun*
57. скоро - soon
58. слезай *(imp)* - get down
59. смотри *(imp)* - look
60. снег - snow
61. соседка - neighbor
62. соседний - next
63. соседский - neighboring; соседского *(gen)*; соседскому *(dat)*
64. спуститься - to get down
65. столом *(inst)* - table
66. темно - dark
67. чудесный - wonderful
68. чуть-чуть - a bit

B

Чудесный подарок

A wonderful present

Тина - соседка Давида и Нэнси. Она - маленькая девочка. Тине пять лет. Она ходит в детский сад. Тина любит рисовать. Она - послушная девочка. Скоро Рождество и Тина ждёт подарков. Она хочет аквариум с золотыми рыбками.
«Мама, я хочу к Рождеству золотых рыбок,» говорит Тина маме.
«Молись святому Николаю. Он всегда приносит подарки хорошим детям,» отвечает её мама.
Тина смотрит в окно. На улице темно и идёт снег. Тина закрывает глаза и мечтает об аквариуме и золотых рыбках.
Под окном проезжает машина. Она останавливается возле соседского дома. За рулём сидит Давид. Он живёт в соседнем доме. Он паркует машину, выходит из неё и идёт домой. Вдруг он видит, что на дереве сидит какой-то котёнок и громко кричит.
«Слезай вниз! Кис-кис,» говорит Давид. Но котёнок не двигается. «Что же делать?» думает Давид.
«Я знаю, как заставить тебя спуститься вниз,»

Tina is David's and Nancy's neighbor. She is a little girl. Tina is five years old. She goes to kindergarten. Tina likes painting. She is an obedient girl. Christmas is coming and Tina is waiting for the presents. She wants an aquarium with goldfish.
"Mom, I would like goldfish for Christmas." Tina says to her mom.
"Pray to St. Nicholas. He always brings good children presents," her mom replies.
Tina looks out the window. It is dark outside and it is snowing. Tina closes her eyes and starts dreaming about the aquarium with goldfish.
A car goes past the house. It stops near the next house. David is driving. He lives in the next house. He parks the car, gets out of it and goes home. Suddenly he sees that a kitten is sitting in a tree and crying loudly.
"Get down! Kitty kitty!" David says. But the kitten does not move. "What shall I do?" David thinks.
"I know how to make you get down," David

говорит Давид. Он открывает багажник и достаёт длинную верёвку. Затем он привязывает верёвку к ветке, на которой сидит котёнок. Другой конец верёвки он привязывает к машине. Давид садится в машину, заводит мотор и чуть-чуть отъезжает. Ветка наклоняется и опускается ниже. Давид подходит к ветке и пытается достать до котёнка. Он уже почти достаёт до него. Давид чуть-чуть натягивает верёвку рукой, и ветка опускается ещё ниже. Давид встаёт на цыпочки и протягивает руку. Но в этот момент верёвка рвётся, и котёнок летит в другую сторону.

«Ой!» кричит Давид. Котёнок летит к соседскому дому, в котором живёт Тина. Давид бежит за котёнком.

В это время Тина сидит с мамой за столом. Мама читает Библию, а Тина внимательно слушает. Вдруг в окно влетает котёнок. Тина кричит от неожиданности.

«Смотри, мама! Святой Николай дарит мне котёнка!» радостно говорит Тина. Она берёт котёнка на руки и нежно гладит его. Раздаётся звонок. Мама открывает дверь. На пороге стоит Давид.

«Добрый вечер! Котёнок не у вас?» спрашивает Давид у мамы Тины.

«Да, он здесь,» отвечает Тина. Котёнок сидит у неё на руках и мурлычет. Давид видит, что девочка очень рада.

«Очень хорошо. Значит, он нашёл свой дом,» улыбается Давид и уходит к себе домой.

says. He opens the trunk and takes out a long rope. Then he ties the rope to a branch that the kitten is sitting on. The other end of the rope he ties to the car. David gets in the car, starts the engine and drives a little way off. The branch bends and bows lower. David comes up to the branch and tries to reach the kitten. He almost reaches it. David pulls the rope slightly with his hand and the branch bows even lower. David stands on tiptoe and holds out his hand. But at this moment the rope rips apart and the kitten flies off to another side.

"Uh-oh!" David cries. The kitten flies to the next house, where Tina lives. David runs after the kitten.

At this time Tina is sitting with her mom at the table. The mom is reading the Bible and Tina is listening attentively. Suddenly the kitten flies in through the window. Tina shouts in surprise.

"Look, mom! Saint Nicolas is giving me a kitten!" Tina cries joyfully. She takes the kitten in her hands and pets it gently. The doorbell rings. The mom opens the door. David is at the door.

"Good evening! Is the kitten at your place?" David asks Tina's mom.

"Yes, it is here," Tina replies. The kitten is sitting in her arms and purring. David sees that the girl is very glad.

"Very well. It has found its home then," David smiles and goes back home.

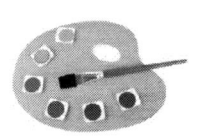

53

16

Признание в конверте
Confessions in an envelope

A

Слова
Words

1. бил<u>е</u>т - ticket
2. быв<u>а</u>ть - to come, to visit
3. вид<u>е</u>лись - saw each other
4. восхит<u>и</u>тельно - amazing; восхищ<u>а</u>ется - admires
5. впечатл<u>е</u>ния - impressions
6. встр<u>е</u>тимся - will meet; встр<u>е</u>титься - to meet
7. вызыв<u>а</u>ет - calls
8. гл<u>у</u>пые - stupid
9. говор<u>и</u>ла - said
10. г<u>о</u>рода *(gen)* - city
11. гост<u>и</u>нице *(prep)* - hotel; гост<u>и</u>ницы *(gen)*
12. гот<u>о</u>вы - ready
13. действ<u>и</u>тельно - really
14. дл<u>и</u>нное - long
15. дн<u>я</u>х *(prep)* - days
16. д<u>о</u>брое - good
17. достопримеч<u>а</u>тельности - sights
18. друг<u>о</u>м *(inst)* - friend
19. <u>е</u>ю *(inst)* - her
20. жаль - pity
21. ждут - (they) wait
22. запеч<u>а</u>тывает - seals
23. зах<u>о</u>чет - will want
24. зд<u>а</u>ний *(gen)* - buildings
25. здор<u>о</u>вается - greets
26. Интерн<u>е</u>те *(prep)* - Internet
27. и<u>ю</u>ля *(gen)* - July
28. как<u>о</u>е-то - a
29. как<u>о</u>й - what
30. как<u>о</u>й-нибудь - some, any, a
31. кан<u>и</u>кулах *(prep)* - vacation
32. кладёт - puts
33. конв<u>е</u>рт - envelope; конв<u>е</u>рте *(prep)*; конв<u>е</u>рты
34. к<u>о</u>фе - coffee
35. крас<u>и</u>в *(short form)* - handsome
36. красн<u>е</u>я - blushing
37. кр<u>а</u>сный - red; кр<u>а</u>сном *(prep)*
38. куд<u>а</u> - where to

54

39. купила - bought
40. курьера *(acc)* - courier
41. лично - in person
42. любви *(prep)* - love
43. любителей *(gen)* - fans
44. любовное *(adj)* - love
45. магазине *(prep)* - shop
46. места - places
47. местные *(plr)* - local
48. моё - my
49. молчишь - (you are) silent
50. надеется - hopes
51. написал - wrote
52. начале *(prep)* - beginning
53. нему *(prep)* - him
54. неподходящим *(inst)* - not suitable
55. неравнодушна - not indifferent
56. обаятельная - charming
57. обстановку *(acc)* - environment
58. общаются - (they) chat
59. обязательно - certainly, necessarily
60. оставила - left; оставляет - leaves
61. отдаёт - gives
62. открытки - postcards
63. отношение - attitude; по отношению к кому-то - towards somebody
64. отправлять - to send
65. отреагировать - to react
66. отчаянии *(prep)* - despair
67. очарован - fascinated
68. очаровательная - charming
69. передам - (I) will tell
70. переживает - worries
71. перекусить - to have a snack
72. письмо - letter; письме *(prep)*
73. поблагодари *(imp)* - thank
74. поверить - to believe
75. погуляем - (we) will take a walk
76. поехать - to go
77. полдень - noon
78. получила - received
79. понял - understood
80. посетить - to visit; посещает - visits
81. поскорее - as soon as possible
82. посоветовала - advised
83. поэзией *(inst)* - poetry; поэзии *(gen)*; поэзию *(acc)*
84. поэтические - poetry

85. приглашает - invites
86. приезда *(gen)* - arrival
87. признание - confession
88. пройтись - to take a walk
89. прочитать - to read
90. пусть - let
91. работе *(prep)* - work
92. радостью *(inst)* - pleasure
93. различные - various
94. разноцветные - colorful
95. рассвете *(prep)* - daybreak
96. резко - harshly
97. рейс - flight
98. рекомендует - recommends
99. решила - decided
100. робко - shyly
101. родном - home, native
102. романтичной *(gen)* - romantic
103. ругать - to scold
104. самолёт - plane
105. своё *(acc)*, своих *(prep)* - *reflexive form of pers. possess. pronouns*
106. сделать - to finish
107. сегодняшний - today's
108. сердита - angry; сердится - is angry
109. сестра - sister
110. сказала - said
111. слышать - to hear
112. сменить - to change
113. собор - cathedral
114. совет - advice; советует - advices
115. современной *(gen)* - modern
116. сочиняет - composes
117. старинных *(gen)* - ancient
118. стихи - poems; стихами *(inst)*
119. стола *(gen)* - table; столе *(prep)*
120. страстью *(inst)* - passion
121. счастлив - happy
122. такой - such
123. твоём *(prep)* - your
124. трубку *(acc)* - handset
125. туда - there *(direction)*
126. убить - to kill
127. увлекается - is fond of
128. уехала - left
129. ужасно - terribly; ужасный - terrible
130. улетаю - (I) fly away
131. утро - morning

132. ф<u>о</u>руме *(prep)* - forum; ф<u>о</u>румы - forums
133. х<u>о</u>лодно - cold
134. центр - centre
135. чаты - chats
136. чемод<u>а</u>н - suitcase
137. чтобы - to *(gives a reason for smth)*
138. ч<u>у</u>вства - feelings; ч<u>у</u>вствах *(prep)*
139. ш<u>у</u>тки - jokes
140. электр<u>о</u>нной п<u>о</u>чте *(prep)* - e-mail
141. <u>э</u>тому *(dat)* - it
142. <u>я</u>рко-кр<u>а</u>сные - bright red

B

Призн<u>а</u>ние в конв<u>е</u>рте

Confessions in an envelope

Р<u>о</u>берт увлек<u>а</u>ется совр<u>е</u>менной по<u>э</u>зией. К<u>а</u>ждый день он мн<u>о</u>го вр<u>е</u>мени пров<u>о</u>дит в Интерн<u>е</u>те. Там он ч<u>а</u>сто посещ<u>а</u>ет разл<u>и</u>чные по<u>э</u>тические ф<u>о</u>румы и ч<u>а</u>ты. На ф<u>о</u>руме люб<u>и</u>телей по<u>э</u>зии он знак<u>о</u>мится с Ел<u>е</u>ной. Он<u>а</u> т<u>о</u>же л<u>ю</u>бит по<u>э</u>зию. Он<u>а</u> п<u>и</u>шет хор<u>о</u>шие стих<u>и</u>. Р<u>о</u>берт восхищ<u>а</u>ется её стих<u>а</u>ми. Но сам<u>а</u> Ел<u>е</u>на ему т<u>о</u>же <u>о</u>чень нр<u>а</u>вится. Он<u>а</u> - студ<u>е</u>нтка. Р<u>о</u>берту <u>о</u>чень жаль, что он<u>а</u> жив<u>ё</u>т в друг<u>о</u>м г<u>о</u>роде. Он<u>и</u> общ<u>а</u>ются в Интерн<u>е</u>те к<u>а</u>ждый день, но никогд<u>а</u> не в<u>и</u>делись. Р<u>о</u>берт мечт<u>а</u>ет о том, чтобы встр<u>е</u>титься с Ел<u>е</u>ной.

Одн<u>а</u>жды Ел<u>е</u>на п<u>и</u>шет ем<u>у</u>, что на кан<u>и</u>кулах х<u>о</u>чет по<u>е</u>хать в как<u>о</u>й-нибудь друг<u>о</u>й г<u>о</u>род. Он<u>а</u> говор<u>и</u>т, что х<u>о</u>чет смен<u>и</u>ть обстан<u>о</u>вку и получ<u>и</u>ть н<u>о</u>вые впечатл<u>е</u>ния. Р<u>о</u>берт с р<u>а</u>достью приглаш<u>а</u>ет её в г<u>о</u>сти. Ел<u>е</u>на соглаш<u>а</u>ется.

Он<u>а</u> приезж<u>а</u>ет в нач<u>а</u>ле ию<u>л</u>я и остан<u>а</u>вливается в гост<u>и</u>нице. Р<u>о</u>берт очар<u>о</u>ван <u>е</u>ю. Ел<u>е</u>на - действ<u>и</u>тельно очаров<u>а</u>тельная д<u>е</u>вушка. В день при<u>е</u>зда Р<u>о</u>берт пок<u>а</u>зывает ей м<u>е</u>стные достопримеч<u>а</u>тельности.

«<u>Э</u>то с<u>а</u>мый ст<u>а</u>рый соб<u>о</u>р в г<u>о</u>роде. Мне нр<u>а</u>вится здесь быв<u>а</u>ть», говор<u>и</u>т Р<u>о</u>берт.

«О, здесь пр<u>о</u>сто восхит<u>и</u>тельно!», отвеч<u>а</u>ет Ел<u>е</u>на.

«А в тво<u>ё</u>м родн<u>о</u>м г<u>о</u>роде есть интер<u>е</u>сные мест<u>а</u>?» спр<u>а</u>шивает Р<u>о</u>берт, «Мо<u>я</u> сестр<u>а</u> Г<u>а</u>би на днях лет<u>и</u>т туд<u>а</u> по раб<u>о</u>те. Он<u>а</u> пр<u>о</u>сит, чтобы ты посов<u>е</u>товала, куд<u>а</u> ей пойт<u>и</u>,» говор<u>и</u>т он.

«Центр г<u>о</u>рода <u>о</u>чень крас<u>и</u>в,» рекоменд<u>у</u>ет Ел<u>е</u>на, «Там мн<u>о</u>го стар<u>и</u>нных зд<u>а</u>ний. Но <u>е</u>сли он<u>а</u> зах<u>о</u>чет перекус<u>и</u>ть, пусть не зах<u>о</u>дит в каф<u>е</u> «Больш<u>о</u>й Билл». Там уж<u>а</u>сный к<u>о</u>фе!»

«Я ей обяз<u>а</u>тельно <u>э</u>то перед<u>а</u>м,» сме<u>ё</u>тся Р<u>о</u>берт. В<u>е</u>чером Р<u>о</u>берт пров<u>о</u>дит Ел<u>е</u>ну до гост<u>и</u>ницы. Пот<u>о</u>м всю дор<u>о</u>гу дом<u>о</u>й он д<u>у</u>мает, как ем<u>у</u>

Robert is interested in modern poetry. He spends a lot of time on the Internet every day. He often visits various poetry forums and chats there. He meets Elena at a forum of poetry fans. She likes poetry, too. She writes good poems. Robert admires her poems. And he likes Elena very much, too. She is a student. It is a pity she lives in another city. They chat on the Internet every day, but they have never seen each other. Robert dreams of meeting Elena.

One day Elena writes him that she wants to go to some other city on vacation. She says she wants to change the environment and to get new impressions. Robert invites her with pleasure. Elena agrees.

She arrives in the beginning of July and stays at a hotel. Robert is charmed by her. Elena is really a charming girl. On the day of her arrival Robert shows her the local sights.

"This is the oldest cathedral in the city. I like to come here," Robert says.

"Oh, it is just amazing here!" Elena replies.

"Are there any interesting places in your hometown?" Robert asks, "My sister Gabi is going to fly there in a few days on business. She asks you to advise her where she can go there," he says.

"The centre of the city is very beautiful," Elena recommends, "There are a lot of ancient buildings there. But if she wants to have a snack, she should not go to the coffee house 'Big Bill'. The coffee is awful there!"

"I'll certainly tell her," Robert laughs. In the evening John accompanies Elena on the way to the hotel. Then all the way home

быть. Он хочет рассказать Елене о своих чувствах, но не знает, как это сделать. Она ведёт себя с ним как с другом, и он не знает, как она может отреагировать на его признание. Он чувствует себя робко рядом с ней. Поэтому, в конце концов, он решает написать ей любовное признание в письме. Но он не хочет отправлять письмо по электронной почте. Это кажется ему неподходящим для такой романтичной девушки, как Елена. Недалеко от дома он видит в магазине открытки и разноцветные конверты. Роберту нравятся ярко-красные конверты, и он покупает один. Он надеется, что Елене это тоже понравится. Вечером пришла Габи, сестра Роберта.
«Ну, как, тебе понравилась Елена?» спрашивает она.
«Да, она очень обаятельная девушка,» отвечает Роберт.
«Я рада это слышать. Завтра в полдень я улетаю в её город. Я уже купила билет,» продолжает Габи.
«Она советует тебе посетить центр города,» говорит Роберт.
«Хорошо. Поблагодари её за совет, пожалуйста,» отвечает Габи.
Роберт всю ночь сидит за столом в гостиной и сочиняет любовное признание для Елены. Он пишет ей длинное признание в любви. На рассвете он запечатывает письмо в красный конверт и оставляет его на столе. Утром он вызывает курьера и отдаёт ему письмо. Он хочет, чтобы Елена получила его любовное признание поскорее. Роберт очень переживает и выходит на улицу, пройтись. Через час он звонит Елене.
«Доброе утро, Лена,» здоровается он.
«Доброе утро, Роберт,» отвечает она ему.
«Ты уже получила моё письмо?» спрашивает он, краснея.
«Да,» сказала она холодно.
«Может быть, давай встретимся и погуляем..» говорит он робко.
«Нет. Мне нужно собирать чемодан. Меня уже ждут дома,» говорит она резко и кладёт трубку.
Роберт просто в отчаянии. Он не знает, что делать. Он начинает ругать себя за то, что написал своё признание в любви. В этот момент ему звонит сестра. Она ужасно сердита.
«Роберт, где мой билет на самолёт? Я оставила

he thinks about what he should do. He wants to tell Elena about his feelings, but doesn't know how to do this. She behaves with him as with a friend, and he doesn't know how she would react to his confession. He feels shy with her. That is why he finally decides to write her a confession of his love in a letter. But he doesn't want to send the letter by e-mail. It seems to him not to be suitable for such a romantic girl as Elena. He sees postcards and colorful envelopes in a shop not far from home. Robert likes bright red envelopes and he buys one. He hopes that Elena will like it, too. Robert's sister Gabi came in the evening.
"Well, do you like Elena?" she asks.
"Yes, she is a very charming girl," Robert answers.
"I'm glad to hear it. I'll fly to her city tomorrow at noon. I've already bought a ticket," Gabi continues.
"She advises you to visit the center of the city." Robert says.
"Okay. Thank her for the advice, please," Gabi replies.
Robert sits at the table in a living room and composes a love confession to Elena all night. He writes her a long love confession. He seals the letter into the red envelope at daybreak and leaves it on the table. He calls a courier in the morning and gives him the letter. He wants Elena to receive his love confession as soon as possible. Robert is very worried so he goes out for a walk. He calls Elena an hour later.
"Good morning, Lena," he greets her.
"Good morning, Robert," she answers him.
"Have you already gotten my letter?" he asks, blushing.
"Yes, I have," she says coldly.
"Maybe let's meet and take a walk.." he says shyly.
"No. I need to pack the suitcase. They are already waiting for me at home," she says harshly and hangs up. Robert is simply in despair. He doesn't know what to do. He begins scolding himself for having written the love confession. At this moment his sister

его на столе в гостиной! Он был в красном конверте. Но теперь его нет! Там лежит какое-то письмо! Что это за глупые шутки?!» кричит Габи. Роберт не может этому поверить. Теперь он всё понимает. Елена получила от курьера билет на сегодняшний рейс в её город. Она решила, что она не нравится Роберту и что он хочет, чтобы она уехала.

«Роберт, почему ты молчишь?» сердится Габи, «Где же мой билет?»

Роберт понял, что сегодня сразу две женщины готовы убить его. Но он счастлив, потому что Елена неравнодушна к нему. С какой страстью она говорила с ним! У неё тоже есть чувства по отношению к нему! Он радостно бежит домой, хватает признание в любви со стола и бежит к Елене, чтобы лично прочитать его ей.

calls him. She is terribly angry.
"Robert, where is my plane ticket? I left it on the table in the living room! It was in a red envelope. But now it's gone! There is a letter there! What's the stupid joke?!" Gabi cries.
Robert can't believe it. Everything is clear to him now. Elena has received a ticket for today's flight to her city from the courier. She decided that Robert doesn't like her and he wants her to leave.
"Robert, why are you silent?" Gabi is angry, "Where is my ticket?"
Robert understood that today two women at once are ready to kill him. But he is happy that Elena is not indifferent towards him. With what passion she spoke to him! She has feelings towards him, too! He joyfully runs home, grabs the love confession from the table and runs to Elena to read it to her in person.

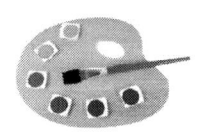

17

Фирменное блюдо
A specialty of the house

A

Слова
Words

1. аппетитно - appetizing
2. беспокойся *(imp sng)* - worry; беспокойтесь *(imp plr)*
3. блюдом *(inst)* - dish
4. большими *(inst plr)* - big
5. брызгает - splashes
6. будете - (you) will
7. важному *(dat)* - important
8. вкусная *(adj)* - tasty; вкусным *(inst)*
9. вкусно *(adv)* - tasty
10. вовремя - on time
11. выходной - day off
12. вязки *(gen)* - mating
13. глазами *(inst)* - eyes
14. говоришь - (you) say
15. готова - (is) ready
16. девушке *(dat)* - girl
17. делам *(dat plr)* - business; делу *(dat sng)*
18. деликатес - delicious dish
19. должна - must, should
20. духовке *(prep)* - oven
21. жарить - to fry
22. заберёт - will take
23. забыла - forgot
24. заверну - (I) will pack/wrap; завернуть - to wrap/pack; заворачивает - packs/wraps
25. зажаренное - fried
26. зажарить - to fry; зажарила/зажарили - fried

59

27. зайдёт - will come; зайти - to come, to drop in
28. звонят - (they) phone
29. здорово - great
30. кулинарка - cook
31. курица - chicken; курицей (inst); курицу (acc)
32. ладно - all right
33. лапками (inst) - legs
34. наконец - finally
35. нашему (dat) - our
36. недавно - not long ago
37. ненадолго - for a while
38. няне (dat) - to a nanny; няней (inst)
39. обморок - faint
40. оборачивается - turns around
41. обрадовать - to please
42. овощами (inst) - vegetables
43. остывает - is getting cold
44. отдать - to give away
45. отличная - excellent
46. пакет - packet
47. перебивает - interrupts
48. пикник - picnic
49. получилось - it turned out well
50. предупредить - to warn
51. приготовила - cooked; приготовить - to cook
52. придёт - will come; прийти - to come (on foot)
53. приехать - to come (by transport)
54. приносила - brought
55. просят - (they) ask
56. рады - (are) glad
57. сам - myself, himself etc, *reflexive form of sing. pers. pronouns*
58. сделаю - (I) will do
59. следом - behind
60. сложное - complicated
61. согласен - agreed
62. срочно - urgently
63. старая - old
64. торчащими (inst) - sticking out
65. ужас - terror
66. уйти - to go away
67. упала - fell
68. успеваю - (I) have time
69. фирменное - specialty
70. фольгу (acc) - foil
71. хотели - wanted
72. часы - watch, clock
73. шум - noise

B

Фирменное блюдо

Габи очень здорово готовит курицу с овощами. Это её фирменное блюдо. И вот однажды Роберт просит её приготовить для него этот деликатес. Роберт собирается на пикник с друзьями. Он хочет обрадовать своих друзей вкусным блюдом. Он хочет, чтобы Габи не зажарила курицу, а приготовила в духовке. Но Габи предлагает ему быстро зажарить её, потому что у неё мало времени. Роберт согласен и на это.

«Габи, я сам не успеваю зайти и забрать у тебя курицу вовремя,» говорит ей Роберт, «К тебе зайдёт Елена и заберёт курицу. Ладно?»

«Хорошо,» говорит Габи, «Я передам её Елене.»

Габи очень старается, чтобы приготовить курицу с овощами хорошо. Это довольно сложное блюдо. Но Габи - отличная кулинарка.

A specialty of the house

Gabi cooks a very fine chicken with vegetables. It is her specialty dish. One day Robert asks her to cook him this delicious dish. Robert is going on a picnic with his friends. He wants to please his friends with a tasty dish. He wants Gabi not to fry chicken, but to cook it in an oven. But Gabi offers him to quickly fry it because she hasn't enough time. Robert agrees to it.

"Gabi, I don't have time to come and take the chicken on time." Robert says to her. "Elena will come and will take the chicken. Okay?"

"Okay," Gabi says, "I'll give it to Elena."

Gabi tries hard to the cook chicken with vegetables well. It is a pretty complicated dish. But Gabi is an excellent cook. Finally, the chicken is ready. The dish looks very

Наконец, курица готова. Блюдо выглядит очень аппетитно. Габи смотрит на часы. Скоро должна прийти Елена. Но вдруг Габи звонят с работы. У Габи сегодня выходной, но на работе её просят приехать ненадолго по важному делу. Она должна срочно ехать. Дома есть ещё старая няня с ребёнком. Няня работает у них недавно.
«Мне нужно ненадолго уйти по делам,» говорит Габи няне, «Минут через десять придёт девушка за курицей. Сейчас курица остывает. Нужно будет завернуть её в фольгу и отдать этой девушке. Хорошо?» просит она.
«Хорошо,» отвечает няня, «Не беспокойся, Габи, я всё сделаю, как ты говоришь.»
«Спасибо!» благодарит Габи няню и быстро уходит по делам. Минут через 10 приходит девушка.
«Здравствуйте. Я пришла у вас забрать..» говорит она.
«Знаю, знаю,» перебивает её няня, «Мы её уже зажарили.»
«Зажарили?» девушка смотрит большими глазами на няню.
«Я знаю, что Вы не хотели её жарить. Но не беспокойтесь, мы зажарили как надо. Получилось очень вкусно! Сейчас я вам заверну,» говорит няня и идёт на кухню. Девушка медленно идёт на кухню следом за няней.
"Зачем вы её зажарили?" опять спрашивает девушка.
«Я знаю, что Вы не хотели этого. Но не беспокойтесь,» отвечает няня, «Она действительно очень вкусная. Вы будете рады.»
Девушка видит, как старушка заворачивает в пакет что-то зажаренное, с торчащими лапками. Вдруг старушка слышит шум и оборачивается. Она видит, что девушка упала в обморок.
«О, какой ужас!» кричит старушка, «Что же мне теперь делать?» Она брызгает на девушку воду, и девушка медленно приходит в себя. И в этот момент домой возвращается Габи.
«О, я вас забыла предупредить,» говорит Габи няне, «Это моя подруга пришла забрать свою кошку. Она приносила её к нашему коту для вязки. А что тут случилось?»

appetizing. Gabi looks at the watch. Elena should come soon. But suddenly they phone Gabi from work. Today Gabi has a day off, but people at work ask her to come for a short time because of some important issue. She should go urgently. There is also an old nanny and a child at home. The nanny began working for them not long ago.
"I need to go for a short time on business," Gabi says to the nanny, "A girl will come for the chicken in ten minutes. The chicken is getting cold now. You will have to wrap it in foil and give it to the girl. Okay?" she asks.
"Okay," the nanny replies, "Do not worry, Gabi, I'll do it as you say."
"Thank you!" Gabi thanks the nanny and quickly leaves on business. The girl comes in ten minutes.
"Hello. I came to take.." she says.
"I know, I know," the nanny interrupts her, "We have already fried it."
"You fried it?" the girl stares wide-eyed at the nanny.
"I know that you didn't want to fry it. But don't worry, we've fried it well. It turned out very tasty! I'll pack it for you," the nanny says and goes to the kitchen. The girl slowly goes to the kitchen behind the nanny.
"Why did you fry it?" the girl asks again.
"I know that you didn't want it that way. But do not worry," the nanny answers, "It is really tasty. You will be glad."
The girl sees that the old woman wraps in a packet something fried, with its legs sticking out. Suddenly the old woman hears a noise and turns around. She sees that the girl has fainted.
"Oh, how terrible!" the old woman cries, "What shall I do now?" She splashes some water on the girl, and the girl slowly comes to. At this moment Gabi comes back home.
"Oh, I forgot to warn you," Gabi says to the nanny, "This is my friend who came to take back her cat. She brought it to our cat for mating. And what happened here?"

18

Тюльпаны и яблоки
Tulips and apples

A

Слова
Words

1. бл*и*зко - close, near(by)
2. весн*о*й - in spring
3. в*е*тки - branches
4. в*и*дите - (you) see
5. включ*а*ть - to turn on
6. вспомин*а*ют - (they) recall
7. господ*и*н - Mr., Sir
8. дискут*и*руют - (they) discuss
9. д*и*спут - dispute
10. док*а*зывают - (they) prove
11. друг*и*е - other; друг*о*го *(sng gen)* - another
12. д*у*мать - to think
13. заб*о*р - fence; заб*о*ра *(gen)*
14. задаёт - gives (work)
15. зад*а*че *(prep)* - assignment; зад*а*чи *(gen)*; зад*а*чу *(acc)*
16. зак*а*нчивается - comes to the end
17. зак*о*н - law; зак*о*нов *(plr gen)*
18. зак*о*нчить - to finish
19. зак*о*ны - laws
20. зан*я*тие - lesson
21. здр*а*вый - reasonable
22. зн*а*ем - (we) know
23. интер*е*сную *(acc)* - interesting
24. кабин*е*те *(prep)* - classroom
25. к*а*ждого *(gen)* - each
26. как*о*е - what
27. кач*а*ет - shakes
28. кейс - briefcase
29. кл*у*мба - flowerbed; кл*у*мбу *(acc)*
30. контр*о*льную - test; контр*о*льных *(plr gen)*
31. кот*о*рые - that, who
32. лом*а*ют - (they) break
33. люб*и*мых *(plr gen)* - favorite
34. мн*е*ние - opinion
35. м*о*гут - (they) can
36. нам *(dat)* - us
37. написали - wrote

38. нахо́дится - is (located)
39. недоста́точно - is not enough
40. непра́вильные - incorrect
41. ни́зкие - low
42. одни́ - some of them; Одни́ пла́чут, а други́е смею́тся. - Some of them cry, and some of them laugh.
43. одну́ *(acc)* - one
44. опиши́те *(imp)* - describe
45. о́сенью - in autumn
46. оста́ться - to stay
47. откро́йте *(imp)* - open
48. па́дать - to fall down; па́дают - fall down
49. пи́шут - (they) write
50. подро́бно - in detail
51. пожило́й - elderly
52. полу́чат - (they) will get
53. понима́ют - understand
54. прав - (is) right
55. пра́вильное/пра́вильный - right
56. правове́дение - jurisprudence; правове́дению *(dat)*; правове́дения *(gen)*
57. правоту́ *(acc)* - rightness
58. предме́тов *(gen)* - subjects
59. принадлежи́т - belongs
60. провести́ - carry out
61. произойти́ - to happen
62. рабо́т *(gen plr)* - works
63. разделя́ет - divides
64. ра́зные - different

65. разреши́т - will resolve
66. рассу́док - thinking, judgment, mind
67. растёт - grows
68. реше́ние - solution
69. свиса́ют - (they) hang down
70. ситуа́ция - situation
71. скла́дывает - puts together
72. сло́жные - difficult
73. сосе́да *(gen)* - neighbor; сосе́ду *(dat)*
74. сосе́ди - neighbors; сосе́дях *(prep)*
75. спор - dispute
76. ста́вить (оце́нки) - to give (marks)
77. статья́х *(prep)* - articles
78. стороне́ *(prep)* - side
79. стро́гий - strict
80. суд - court; суде́ *(prep)*
81. судья́ - judge
82. счита́ют - believe
83. така́я - this, such
84. тетра́ди - notebooks; тетра́дях *(prep)*
85. ти́хо - quietly
86. тюльпа́ны - tulips; тюльпа́нами *(inst)*; тюльпа́нов *(gen)*
87. увлечённо - enthusiastically
88. учи́ться - to study
89. хозя́ина *(gen)* - owner
90. хоти́м - (we) want
91. цвету́т - (they) blossom
92. я́блоки - apples
93. я́блоня - apple tree; я́блони *(gen)*

В

Тюльпа́ны и я́блоки

Ро́берту нра́вится учи́ться. И оди́н из его́ люби́мых предме́тов - правове́дение. Преподава́тель правове́дения - пожило́й профе́ссор. Он о́чень стро́гий и ча́сто даёт студе́нтам сло́жные зада́ния.
И вот одна́жды профе́ссор реша́ет провести́ контро́льную рабо́ту. Он задаёт студе́нтам интере́сную зада́чу о двух сосе́дях. Сосе́ди живу́т о́чень бли́зко. Их разделя́ет то́лько забо́р. По одну́ сто́рону забо́ра растёт я́блоня. С друго́й стороны́ забо́ра нахо́дится клу́мба с тюльпа́нами. Клу́мба принадлежи́т друго́му сосе́ду. Но я́блоня о́чень больша́я. Её ве́тки

Tulips and apples

Robert likes studying. And one of his favorite subjects is jurisprudence. The teacher of jurisprudence is an elderly professor. He is very strict and often gives difficult tasks to the students.
One day the professor decides to give a test. He gives an interesting assignment about two neighbors. The neighbors live very close from one another. They are separated only by a fence. On one side of the fence grows an apple tree. There is a flowerbed with tulips on the other side of the fence. The flowerbed belongs to the other neighbor. But the apple tree is

свисают через забор в сад другого соседа. Яблоки падают с неё прямо на клумбу с тюльпанами и ломают цветы. Профессор спрашивает студентов, как судья в суде разрешит этот спор.
Одни студенты считают, что прав хозяин тюльпанов. Другие говорят, что закон на стороне хозяина яблони. Они вспоминают разные законы, которые доказывают их правоту. Студенты увлечённо дискутируют друг с другом об этой задаче. Но тут профессор просит их закончить диспут.
«У каждого из вас есть своё мнение,» говорит профессор, «Теперь откройте ваши тетради для контрольных работ и подробно опишите своё решение задачи, пожалуйста.»
В кабинете становится тихо. Все пишут свои ответы в тетрадях. Роберт пишет, что прав хозяин тюльпанов, и подробно объясняет своё мнение.
Через час занятие заканчивается, и профессор собирает у студентов работы. Он складывает контрольные в свой кейс и собирается уйти. Но студенты просят его остаться ненадолго. Им интересно, какое решение задачи правильное.
«Господин профессор, так какой же правильный ответ?» спрашивает Роберт, «Мы все хотим это знать!»
Профессор хитро улыбается.
«Видите ли,» отвечает профессор, «Всё очень просто. Тюльпаны цветут весной. А яблоки падают только осенью. Поэтому яблоки не могут падать на тюльпаны. Такая ситуация не может произойти.»
Студенты удивлённо понимают, что он прав. И это значит, что их ответы неправильные, и контрольные работы получат низкие оценки.
«Но господин профессор, ведь мы написали контрольные работы очень хорошо,» говорит один из студентов, «Мы неплохо знаем законы. Нельзя ставить нам низкие оценки только из-за тюльпанов.»
Но профессор качает головой.
«Знать законы недостаточно,» объясняет он, «Вы должны сначала включать здравый рассудок, и только после этого думать о статьях законов!»

very big. Its branches hang over the fence into the garden of the other neighbor. The apples fall from it right on the flowerbed and break flowers. The professor asks students how a judge in a court would resolve this dispute.
Some students believe that the owner of the tulips is right. Others say that the owner of the apple tree is right. They recall different laws that prove that they are right. The students discuss the assignment with each other enthusiastically. But at this point the professor asks them to stop the dispute.
"Each of you have your own opinion," the professor says, "Now open your notebooks for tests and write in detail your solution to the assignment, please."
It gets quiet in the classroom. Everybody is writing their answers in the notebooks. Robert is writing that the owner of the tulips is right and explains his opinion in detail.
The lesson comes to the end in an hour and the professor gathers the students' works. He puts the tests together in his case and is about to leave. But the students ask him to stay for a short while. They are interested to know what solution to the assignment is the right one.
"Mr. Professor, what is the right answer?" Robert asks, "We all want to know it!"
The professor smiles slyly.
"You see," the professor replies, "It's very simple. Tulips blossom in the spring. And apples fall down only in the autumn. That's why the apples can't fall down on the tulips. This situation can't happen."
The students understand that he is right with astonishment. And it means that their answers are incorrect and they'll get low marks for the tests.
"But Mr. Professor, after all, we wrote very good tests," one of the students says, "We know the laws quite well. You cannot give us low marks only because of tulips."
But the professor shakes his head.
"It isn't enough to know the laws," he explains, "You should turn on your common sense first and only then think of the articles of laws!"

19

Т<u>о</u>ртик
Cake

A

Сл<u>о</u>ва
Words

1. брат - brother; бр<u>а</u>том *(inst)*
2. в<u>а</u>жно - important
3. вар<u>и</u>ть - to cook
4. взрыв - explosion
5. возвращ<u>а</u>ются - come back
6. волн<u>у</u>йся *(imp)* - worry
7. восьмил<u>е</u>тняя - eight-year-old
8. вр<u>о</u>де - it seems
9. вся - whole, all
10. выпек<u>а</u>ться - to bake
11. гл<u>а</u>вное - main
12. горд<u>и</u>тся - (is) proud
13. гот<u>о</u>вить - to prepare, to cook
14. дв<u>е</u>рца - little door
15. день рожд<u>е</u>ния - birthday
16. допёкся - finished baking
17. д<u>о</u>чери *(dat)* - daughter
18. дух<u>о</u>вки *(gen)* - oven; дух<u>о</u>вку *(acc)*
19. дым<u>у</u> *(prep)* - smoke
20. забр<u>ы</u>згана - is splattered
21. з<u>а</u>пах - smell
22. игр<u>у</u> *(acc)* - game
23. исп<u>е</u>чь - to bake
24. клей - glue; кл<u>е</u>ем *(inst)*; кл<u>е</u>я *(gen)*
25. к<u>о</u>жи *(gen)* - leather
26. компь<u>ю</u>терную *(adj acc)* - computer
27. кр<u>е</u>мом *(inst)* - cream

28. кулинарный - culinary; кулинарного (gen); кулинарным (inst)
29. кулинаром (inst) - cook
30. кухня - kitchen; кухни (gen)
31. кухонных (adj plr gen) - kitchen
32. мажет - greases
33. мелкий - fine
34. надписью (inst) - inscription
35. настоящим (inst) - real
36. находит - finds
37. нижнем - lower
38. омлет - omelette
39. опасный - dangerous
40. ответить - to answer
41. папе (dat) - to a father; папы (gen)
42. пахнет - smells
43. подходящий - suitable
44. положила - put
45. получается - turn out well
46. продуктов (gen) - food
47. прочитала - read (past)
48. разных (gen) - different
49. растерянности (prep) - confusion
50. рецепт - recipe; рецепте (prep); рецепту (dat)
51. родители - parents
52. самом (prep) - most
53. сделанных (gen) - made
54. сестричка - sis
55. склеивания (gen) - gluing
56. следует - follows
57. слова (gen) - word
58. слышен - (is) heard
59. смазать - to grease
60. сорок - forty
61. справляется - manages
62. ставит - puts
63. строго - strictly
64. суп - soup
65. считает - considers, believes
66. талант - talent
67. твой - your
68. текст - print, text
69. тесто - dough; тестом (inst)
70. торт - cake; торта (gen); тортик
71. требуется - needed, required
72. тюбик - tube
73. удивлённый - surprised
74. умеет - can
75. упаковке (prep) - package
76. фарфора (gen) - porcelain
77. холодильнике (prep) - fridge
78. хотела - wanted
79. шкафах (prep) - cabinets
80. ящичке (prep) - drawer

B

Тортик

Восьмилетняя Нэнси очень любит готовить. Она умеет варить вкусный суп и жарить омлет. Линда иногда помогает дочери, но Нэнси и сама справляется довольно неплохо. Все говорят, что у девочки кулинарный талант. Нэнси этим очень гордится. Она считает себя настоящим кулинаром. И вот однажды она решает приготовить подарок папе Кристиану на день рождения. Она хочет испечь для него вкусный торт. Нэнси находит подходящий рецепт торта. Родители уходят на работу, и Нэнси остаётся с братом дома. Но Дэвид не смотрит за ней. Он играет в компьютерную игру у себя в комнате. Нэнси начинает готовить торт. Она строго следует рецепту, и вроде бы у неё всё получается. Но

Cake

Eight-year-old Nancy likes cooking very much. She can cook a delicious soup and an omelette. Linda helps her daughter sometimes, but Nancy manages on her own quite well. Everybody says that the girl has a talent for culinary. Nancy is very proud of it. She considers herself a real cook. So one day she decides to prepare a present for her father Christian on his birthday. She wants to bake a delicious cake for him. Nancy finds a suitable cake recipe. The parents go to work, and Nancy stays at home with her brother. But David is not looking after her. He is playing a computer game in his room. Nancy starts preparing the cake. She follows the recipe strictly and it seems that she can do everything. When suddenly she reads in the recipe: "Grease

вдруг она читает в рецепте: «Смазать тесто кулинарным клеем». Нэнси в растерянности. В холодильнике много разных продуктов, но кулинарного клея там нет. Она начинает искать в кухонных шкафах, и вдруг в самом нижнем ящичке находит тюбик с надписью «Клей». Правда, слова «кулинарный» на упаковке нет. Но Нэнси решает, что это не так важно. Ведь главное, что это клей. Правда, этот клей для склеивания предметов сделанных из дерева, кожи и фарфора. Но этот мелкий текст Нэнси не прочитала. Она мажет тесто клеем, как это требуется по рецепту. Затем она ставит тесто в духовку и уходит из кухни. Торт должен выпекаться сорок минут.

Проходит минут двадцать, и домой возвращаются родители.

«Что это так вкусно пахнет из кухни?» спрашивает Кристиан.

Нэнси собирается ему ответить, но вдруг в кухне слышен взрыв! Удивлённый Кристиан открывает двери в кухню, и они видят, что вся кухня в дыму, дверца духовки забрызгана тестом, и стоит ужасный запах. Кристиан и Линда удивлённо переводят глаза на свою дочь.

«Ну, я хотела испечь для папы торт с вкусным кремом...» тихо говорит Нэнси.

«Что же ты туда положила?» спрашивает брат, «Ты не волнуйся, сестричка! Если твой торт такой опасный, то может быть лучше, что он не допёкся.»

the dough with culinary glue." Nancy gets confused. There is a lot of food in the fridge but there is no glue. She starts looking in the kitchen cabinets when suddenly in the lowermost drawer she finds a tube with the inscription 'Glue'. There isn't the word 'culinary' on the package though. But Nancy decides it is not so important. After all, the main thing it is the glue. Though, this glue is for gluing objects made of wood, leather and porcelain. But Nancy hasn't read this fine print. She greases the dough with glue according to the recipe. Then she puts the dough into the oven and leaves the kitchen. The cake should bake for forty minutes.

Twenty minutes later, the parents come back home.

"What is this delicious smell from the kitchen?" Christian asks.

Nancy is about to answer him, but suddenly an explosion is heard in the kitchen! Surprised, Christian opens the door to the kitchen and they see that the whole kitchen is full of smoke, the oven door is splattered with dough and there is an awful smell. Christian and Linda look in surprise at the daughter.

"Well, I was going to bake a cake with tasty cream for daddy..." Nancy says quietly.

"What did you put there?" the brother asks, "Don't worry, sis! If your cake is so dangerous, then it is perhaps better that it hasn't finished baking."

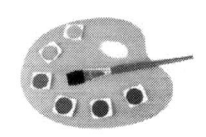

20

Экзотический ужин
Exotic dinner

A

Слова
Words

1. азиатскую *(acc)* - Asian
2. английского *(gen)* - English
3. бледнеет - turns pale
4. бледный - pale
5. блюда - dishes, plates; блюд *(plr gen)*; блюде *(prep)*
6. варвар - barbarian; варваром *(inst)*
7. вариант - alternative, variant
8. вашей *(gen)* - your
9. вилку *(acc)* - fork
10. вкусные - delicious
11. выносит - brings
12. выращивают - grow
13. гусеница - caterpillar; гусеницу *(acc)*; гусеницы *(gen)*
14. двести - two hundred
15. деликатесом *(inst)* - delicacy
16. денег *(gen)* - money
17. деревне *(prep)* - village
18. дикость - (something) uncivilized
19. длину *(prep)* - length
20. долларов *(gen)* - dollars
21. дорогая/дорогое - expensive; дорогую *(fem acc)*; дорогим *(masc inst)*; дорогих *(plr gen)*
22. едят - (they) eat
23. живая - alive
24. знаете - you know
25. знакомиться - to learn about, to meet smb
26. известный - famous
27. интересуется - is interested
28. кричать - to shout
29. крышку *(acc)* - lid
30. кухнями *(inst plr)* - cuisines
31. листают - (they) flip
32. листья - leaves
33. ломаном *(prep)* - poor (about a language)
34. лучший - best
35. маленькой *(prep)* - little
36. меню - menu

37. м<u>е</u>стный - local; м<u>е</u>стного *(gen)*
38. мн<u>о</u>жество - a lot
39. м<u>о</u>лча - silently, in silence
40. нак<u>а</u>лывает - stabs
41. нар<u>е</u>занных *(gen)* - cut *(Past Participle)*
42. невер<u>о</u>ятно - incredibly
43. нел<u>о</u>вкая - strain, awkward
44. необ<u>ы</u>чными *(inst)* - unusual
45. непон<u>я</u>тном *(prep)* - unintelligible
46. об<u>ы</u>чаями *(inst)* - customs
47. овощ<u>е</u>й *(gen)* - vegetables
48. огр<u>о</u>мная - huge
49. одн<u>о</u> - one; одн<u>о</u>й *(fem prep)*
50. ожив<u>и</u>ть - to revive
51. ожид<u>а</u>ли - expected
52. отл<u>и</u>чный - excellent
53. официант - waiter
54. п<u>а</u>уза - pause
55. перев<u>о</u>да *(gen)* - translation
56. перегл<u>я</u>дываются - exchange glances
57. п<u>о</u>вар - cook, chef
58. ползт<u>и</u> - to crawl
59. поним<u>а</u>ете - (you) understand; пон<u>я</u>ть - to understand
60. попр<u>о</u>бовать - to taste
61. посеред<u>и</u>не - in the middle
62. появл<u>я</u>ются - (they) appear
63. путеш<u>е</u>ствовать - to travel
64. пят<u>и</u> *(gen)* - five
65. пятн<u>а</u>дцать - fifteen
66. разм<u>е</u>ра *(gen)* - size
67. растер<u>я</u>нно - in embarrassment
68. р<u>е</u>дкую *(acc)* - rare
69. рестор<u>а</u>н - restaurant; рестор<u>а</u>на *(gen)*
70. реш<u>а</u>ют - (they) decide
71. сантим<u>е</u>тров *(gen)* - centimeters
72. с<u>е</u>вере *(prep)* - North
73. с<u>и</u>льный - strong
74. сним<u>а</u>ет - takes off
75. соглас<u>и</u>тся - will agree
76. ст<u>о</u>лика *(gen)* - table
77. стран *(plr gen)* - countries; стран<u>у</u> *(sng acc)*; стран<u>ы</u> *(sng gen)*
78. с<u>у</u>мму *(acc)* - sum
79. счёт - bill; счёта *(gen)*
80. счит<u>а</u>ются - are considered
81. съесть - to eat up; съед<u>а</u>ет - eats up
82. так<u>у</u>ю *(acc)* - such, this
83. тем вр<u>е</u>менем - meanwhile
84. т<u>о</u>лстая - fat
85. традициями *(inst)* - traditions
86. уб<u>и</u>ли - killed
87. уб<u>и</u>тую *(fem acc)* - killed *(Past Participle)*
88. уж<u>а</u>сная - awful
89. фек<u>а</u>лии - excrements
90. хот<u>я</u>т - (they) want
91. шам<u>а</u>н - shaman
92. шеф-п<u>о</u>вар - chef
93. экзот<u>и</u>ческий - exotic
94. языка *(gen)* - language

B

Экзот<u>и</u>ческий <u>у</u>жин

Р<u>о</u>берт и Ел<u>е</u>на <u>е</u>дут отдых<u>а</u>ть в одн<u>у</u>ази<u>а</u>тскую стран<u>у</u>. Им <u>о</u>чень нр<u>а</u>вится путеш<u>е</u>ствовать. Р<u>о</u>берт интерес<u>у</u>ется необ<u>ы</u>чными традициями и обычаями. И, конечно, им нр<u>а</u>вится знак<u>о</u>миться с к<u>у</u>хнями р<u>а</u>зных стран. Поэтому и на <u>э</u>тот раз он<u>и</u> реш<u>а</u>ют зайт<u>и</u> в с<u>а</u>мый л<u>у</u>чший и изв<u>е</u>стный м<u>е</u>стный ресторан. Это довольно дорог<u>о</u>й ресторан, но они хот<u>я</u>т попр<u>о</u>бовать самые вк<u>у</u>сные и инте<u>ре</u>сные блюда, и им не ж<u>а</u>лко на <u>э</u>то д<u>е</u>нег. Он<u>и</u> д<u>о</u>лго лист<u>а</u>ют меню. В меню нет англ<u>и</u>йского перев<u>о</u>да. Но м<u>е</u>стного

Exotic dinner

Robert and Elena take a vacation in an Asian country. They like traveling very much. Robert is interested in unusual traditions and customs. And of course they like to learn about the cuisines of different countries. So this time they decide to drop by at the best and most famous local restaurant. It is a quite expensive restaurant but they want to taste the most delicious and interesting dishes, and they don't mind spending money on them. They flip through the menu for a long time. There is no English translation in the menu. But they don't know the

языка они совсем не знают, поэтому ничего не могут понять. Роберт выбирает одно из самых дорогих блюд - оно стоит двести двадцать долларов. Это дорогое блюдо им выносит сам шеф-повар. Он снимает крышку - и на блюде они видят множество нарезанных овощей и листьев. А посередине лежит огромная толстая гусеница, сантиметров пятнадцать в длину. Гусеница не только огромная - она ещё и живая! Елена и Роберт растерянно смотрят на неё. Гусеница, тем временем, начинает медленно ползти и есть листья на блюде вокруг себя. Конечно, Елена и Роберт такого совершенно не ожидали! Шеф-повар и официант тоже смотрят на гусеницу и не уходят. Получается неловкая пауза. Тогда Роберт берёт вилку и накалывает ею гусеницу. Он решает её съесть, наконец. Повар видит это и падает в обморок! А официант начинает громко кричать на непонятном им языке. Роберт ничего не понимает. Тут к ним из-за соседнего столика подходит другой гость ресторана. Он объясняет Роберту на ломаном английском, что эту гусеницу не едят. Она невероятно дорогая, и до такого размера её выращивают больше пяти лет. И дорогим деликатесом считаются фекалии этой гусеницы, которые появляются на блюде, когда она съедает листья. Именно фекалии гусеницы и стоят двести двадцать долларов. Елена и Роберт молча переглядываются.
«Это же ужасная дикость!» говорит Роберт.
«О нет! Это они вас считают теперь варваром!» говорит другой гость и улыбается, «Ведь вы не понимаете эту дорогую кухню! Да ещё и убили такую редкую гусеницу - как настоящий варвар!»
Тут приходит бледный официант и приносит им счёт за убитую гусеницу. Роберт смотрит на сумму счёта и тоже бледнеет.
«Вы знаете,» говорит Роберт, «Недавно мы были в одной очень маленькой деревне на севере вашей страны. И там есть один отличный, очень сильный шаман. Возможно, он согласится попробовать оживить её?.. Мне кажется, это хороший вариант..»

local language at all, so they can understand nothing. Robert chooses one of the most expensive dishes - it costs two hundred and twenty dollars.
The chef brings this expensive dish to them himself. He takes off the lid and they see a lot of cut vegetables and leaves on the plate. A huge fat caterpillar, about fifteen centimeters in length, is in the middle. The caterpillar is not only huge, but it is also alive! Elena and Robert look at it in embarrassment. Meanwhile, the caterpillar starts slowly crawling and eating the leaves around itself on the plate. Of course, Elena and Robert didn't expect something like this at all! The chef and the waiter look at the caterpillar, too, and don't go away. A moment of strain follows. Then Robert takes a fork and stabs the caterpillar. He decides to eat it at last. The chef sees it and faints! And the waiter starts shouting loudly in a language they don't understand. Robert understands nothing. At this point another guest of the restaurant approaches them from a nearby table. He explains to Robert in poor English that they do not eat this caterpillar. It's incredibly expensive and it takes more than five years to grow to this size. The excrements of this caterpillar, which appear on the dish when it eats leaves, are considered an expensive delicacy. These excrements of the caterpillar cost two hundred and twenty dollars. Elena and Robert exchange silent glances.
"That's terribly uncivilized!" Robert says.
"Oh, it's not. They now think that you are the barbarian!" another guest says and smiles, "Because you do not understand this expensive cuisine! Moreover you killed such a rare caterpillar, like a real barbarian!"
At this point a pale waiter comes and brings a bill for the killed caterpillar. Robert looks at the sum in the bill and also turns pale.
"You know," Robert says, "We have been in a very small village in the north of your country recently. There is one excellent, very strong shaman. Maybe he will agree to try to revive it?.. I think, it's a good alternative.."

21

Высокое искусство
High art

A

Слова
Words

1. б**о**льш**и**м *(inst)* - huge
2. в**а**жная - important
3. в**а**той *(inst)* - wadding
4. ведр**о** - bucket; ведр**у** *(dat)*
5. в**е**чности - eternity
6. вещ**е**й *(gen)* - things
7. вздых**а**ет - sighs
8. в**и**деть - to see
9. в**и**дно - one can see
10. в**и**лок *(gen)* - forks
11. вн**е**шне - in outward appearance
12. вн**у**треннюю *(fem adj acc)* - inner
13. внутр**и** - inside
14. восхищен**а** - admiring
15. впечатл**е**ние - impression; под впечатл**е**нием *(inst)* - impressed
16. выбр**а**сывают - (they) throw out
17. выд**у**мывает - invents
18. выраж**е**ние - expression
19. выс**о**кое - high
20. в**ы**ставка - exhibition; в**ы**ставке *(prep)*
21. глуб**о**кий - deep
22. г**о**рный *(masc adj)* - mountain; г**о**ры - mountains
23. гр**я**зной *(gen)* - dirty; гр**я**зную *(acc)*
24. д**е**лают - (they) make
25. д**у**маю - (I) think
26. душ**а** - soul
27. зад**у**мчиво - thoughtfully
28. зал - room; з**а**ла *(gen)*; з**а**ле *(prep)*
29. звуч**и**т - sounds
30. з**е**ркало - mirror; з**е**ркале *(prep)*
31. зн**а**ниями *(inst plr)* - knowledge
32. интер**е**сных *(gen plr)* - interesting
33. иск**у**сство - art; иск**у**сства *(gen)*; иск**у**сстве *(prep)*
34. к**а**ждая - every
35. карт**и**на - picture; карт**и**не *(prep)*; карт**и**ну *(acc)*; карт**и**ны *(gen)*
36. контр**а**сте *(gen)* - contrast
37. конф**е**ту - candy
38. крас**и**ва *(short form)* - beautiful; крас**и**во - beautifully
39. кр**а**сной *(inst)* - red

71

40. красоту *(acc)* - beauty
41. лицо - face; лица *(gen)*
42. лучшее - best
43. людей *(gen)* - human
44. металлическую *(acc)* - metal
45. миллионы - millions
46. можешь - (you) can
47. мудрое - wise
48. музей - museum
49. мусор - garbage
50. мысль - thought
51. на ходу - on the go
52. непонятны - incomprehensible
53. непрочности *(fem gen)* - frailness
54. никакого *(gen)* - no
55. обуви *(gen)* - shoes
56. обычный - ordinary
57. огромную *(acc)* - huge
58. одежды *(gen)* - clothes
59. открывается - opens
60. пейзаж - landscape
61. пластиковую *(fem adj acc)* - plastic; пластиковых *(plr adj gen)*
62. показаны - are shown
63. посмотри *(imp)* - look
64. потолка *(gen)* - ceiling
65. похоже - it looks like
66. похожи - are similar
67. произвести - create, manufacture; произвести впечатление - to impress
68. разве - really *(in questions)*
69. рассмотреть - to look at smth carefully
70. руке *(prep)* - hand

71. самое - the most
72. сделанной *(gen)* - made
73. серьёзное - serious
74. символ - symbol
75. сказал - said
76. скульптуру *(acc)* - sculpture
77. следующую *(prep)* - next
78. смотреть - to see
79. смущенно - in confusion
80. смысл - meaning; смысла *(gen)*
81. современного *(gen)* - modern; современном *(prep)*; современные *(plr)*
82. старой *(gen)* - old
83. странным *(inst)* - strange; странных *(gen plr)*
84. сходить - to go
85. таких - such, these
86. тёмную *(acc)* - dark
87. точно - definitely, exactly
88. убедительно - convincing
89. уборщицы - cleaner's
90. убрать - to take away, to clean
91. увидеть - to see
92. уж - interjection
93. умное - smart
94. униформе *(prep)* - uniform
95. фигуры - figures
96. художник - artist; художники - artists
97. человек - man
98. шваброй *(inst)* - mop
99. эти - these

B

Высокое искусство

Однажды Роберт приглашает Елену в музей современного искусства. Там открывается новая выставка. Елена очень любит искусство. Она соглашается сходить в музей, но говорит, что ничего не понимает в современном искусстве. Она считает его слишком странным. На выставке они видят много интересных вещей. Елена останавливается возле картины, сделанной из пластиковых вилок. Она внимательно смотрит на картину. Это похоже на горный пейзаж.

High art

One day Robert invites Elena to the Museum of modern art. A new exhibition opens there. Elena likes art very much. She agrees to go to the museum, but she says that she does not understand modern art at all. She considers it too strange. At the exhibition they see a lot of interesting things. Elena stops near a picture, made of plastic forks. She stares at the picture attentively. It looks like a mountain landscape.

«Нет, это не для меня,» говорит Елена, «Современные художники слишком непонятны. Особенно когда они делают свои картины из таких странных вещей. Посмотри вот на эту картину. Разве это красиво?» спрашивает Елена. Картина ей не нравится. Роберт тоже не очень хорошо понимает такое искусство. Но ему нравится Елена. И он очень хочет произвести на неё впечатление и удивить её своими знаниями. Роберт делает серьёзное выражение лица.
«Видишь ли,» говорит Роберт, «Внешне эта картина не очень красива. Но в ней нужно рассмотреть её внутреннюю красоту.»
«Что-что?» удивлённо спрашивает Елена.
«Её внутреннюю красоту,» повторяет Роберт, «На этой картине показаны горы. Ведь горы стоят миллионы лет. Они - символ вечности,» объясняет Роберт, «А пластиковую вилку быстро выбрасывают. Это символ непрочности. И в этом контрасте есть очень глубокий смысл.»
Роберт выдумывает всё это на ходу. Ему кажется, что это звучит убедительно. Елена растерянно смотрит на Роберта. Потом она смотрит на картину и вздыхает.
«Давай лучше пойдём дальше,» предлагает Елена. Они идут дальше и видят много других странных вещей. В одном зале они видят огромную металлическую конфету до потолка и скульптуру из старой обуви. В другом зале стоят фигуры людей из одежды, с красной ватой внутри. И о каждой вещи Роберт рассказывает Елене что-то умное.
«Иногда эти произведения искусства очень похожи на обычный мусор,» говорит Елена. Они идут в следующую комнату и вдруг видят там зеркало, перед которым стоит ведро с грязной водой.
«Ну, это уж слишком!» говорит Елена, «В этом точно нет никакого смысла!»
«О не-е-ет,» задумчиво говорит Роберт, «Здесь очень глубокий смысл. Сразу видно, что этот художник очень умный человек.»
«Разве?» удивляется Елена.
«Конечно,» отвечает Роберт, «Ведь в зеркале ты можешь видеть своё лицо. И ты можешь посмотреть в эту грязную воду и там тоже увидеть своё лицо. Художник хочет сказать, что каждая душа имеет тёмную сторону. И мы

"No, it's not my cup of tea," Elena says, "Modern artists are too incomprehensible. Especially when they make their pictures out of such strange things. Look at this picture here. Is it beautiful?" Elena asks. She doesn't like the picture. Robert doesn't understand this art either. But he likes Elena. And he really wants to impress and surprise her with his knowledge. Robert makes a serious face.
"You see," Robert says, "The outward appearance of this picture isn't so beautiful. But you have to see its inner beauty."
"What?" Elena asks in surprise.
"Its inner beauty," Robert repeats, "Some mountains are shown in this picture. After all, mountains stand for millions of years. They are a symbol of eternity," Robert explains, "But they throw out a plastic fork quickly. It is a symbol of frailness. There is a very deep meaning in this contrast."
Robert invents all this on the go. It seems to him that it sounds convincing. Elena looks at Robert in embarrassment. Then she looks at the picture and sighs.
"Let's move on," Elena offers.
They go further and see a lot of other strange things. In one room they see a huge metal candy as tall as the ceiling and a sculpture made of old shoes. In another room there are human figures made out of clothes with red wadding inside. And Robert tells Elena something smart about each thing.
"Sometimes these works of art are very similar to ordinary garbage," Elena says. They go to the next room and see there a mirror in front of which there is a bucket full of dirty water.
"Well, this is too much!" Elena says, "There is definitely no meaning in it!"
"Oh no-o-o," Robert says thoughtfully, "There is a very deep meaning in it. It is obvious that this artist is a very smart man."
"Is he?" Elena is surprised.
"Sure," Robert replies, "You know, in a mirror you can see your face. And you can look in this dirty water and see your face,

должны смотреть и на неё тоже. Это очень важная мысль. Я думаю, это самое лучшее и самое мудрое произведение на всей выставке,» говорит Роберт.

«Ты такой умный!» говорит Елена и берёт его за руку. Она восхищена Робертом.

В этот момент в зал входит женщина в униформе уборщицы и со шваброй в руке. Она подходит к ведру и оборачивается к Елене с Робертом.

«Ой, извините. Я забыла его убрать,» говорит им женщина. Она берёт ведро и выносит его из зала.

«Как ты сказал?» смеётся Елена, «Лучшее произведение на выставке?..»

Роберт смущённо молчит. Но Елена всё равно под большим впечатлением от его ума.

too. The artist wants to say that every soul has a dark side. And we must look at it, too. This is a very important thought. I think, it is the best and the wisest work of art at the whole exhibition," Robert says.

"You're so smart!" Elena says and takes him by the hand. She admires Robert.

At this point a woman in a cleaner's uniform with a mop in her hand enters the room. She approaches the bucket and turns to Elena and Robert.

"Oh. I'm sorry. I have forgotten to take it away." the woman says to them. She takes the bucket and carries it out of the room.

"What did you say?" Elena laughs, "The best work at the exhibition?.."

Robert is silent with confusion. But Elena is still very impressed by his intellect.

22

Генеральная уборка
Spring-cleaning

A

Слова
Words

1. аккуратного *(gen)* - accurate
2. благотворительность - charity
3. бумаги - papers
4. вернуться - to return
5. возражает - objects
6. волнуется - worries
7. вытирайте *(imp)* - wipe
8. генеральная уборка - spring cleaning
9. говорить - to tell, to say
10. грузовика *(gen sng)* - truck's
11. грязно - dirty
12. директор - director, chief manager; директора *(gen)*
13. документы - documents
14. доходит - arrives (on foot)
15. забирает - takes away
16. заместитель директора - deputy director
17. иметь - to have
18. испытательный - probation
19. к сожалению - unfortunately
20. к счастью *(dat)* - luckily
21. компания - company; компании *(prep)*
22. лежала - lied
23. моём *(masc prep)* - my
24. мою *(fem acc)* - my
25. наша - our
26. небольшой - small
27. нём *(masc prep)* - it
28. неожиданно - suddenly
29. новости / новость - news
30. офис - office; офиса *(gen)*
31. ошибку *(acc)* - mistake
32. перекладывайте *(imp)* - move; переложила / переложили - moved

75

33. поговор*и*ть - to talk, to speak
34. поп*а*ла - got *(somewhere)*
35. премиров*а*ть - to give a bonus
36. прода*ё*т - sells; прод*а*ть - to sell
37. прошл*и* - passed
38. пыль - dust
39. раб*о*тника *(gen)* - worker
40. рад - is glad
41. р*а*дуется - is happy
42. случ*а*йно - accidentally
43. случ*и*тся - will happen
44. собира*е*мся - (we) are going
45. срок - period
46. стар*а*тельного *(gen)* - careful
47. ст*о*пки *(gen)* - pile; ст*о*пку *(acc)*
48. тво*и*м *(plr inst)* - your

49. уб*о*рка - cleaning
50. уб*о*рщица - cleaning woman; уб*о*рщице *(dat)*; уб*о*рщицей *(inst)*
51. ув*о*лены - fired; ув*о*лить - to fire, to dismiss
52. увольн*е*нием *(inst)* - dismissal; увольн*е*нии *(prep)*
53. увольн*я*ете - (you) fire, dismiss; увольн*я*ть - to fire, to dismiss
54. ф*о*рма - form
55. чистот*а* - cleanliness
56. ч*и*стый - clean
57. шт*у*ка - thing
58. электр*о*никой *(inst)* - electronics; электр*о*нику *(acc)*

B

Генеральная уборка

Р*о*берт *у*чится в к*о*лледже и раб*о*тает в небольш*о*й комп*а*нии. Комп*а*ния прода*ё*т электр*о*нику. Р*о*берт раб*о*тает там нед*а*вно. Дир*е*ктор хв*а*лит ег*о* раб*о*ту. Р*о*берт р*а*дуется, что на раб*о*те всё идёт хорош*о*. Но вдруг неожиданно ег*о* вызыв*а*ет замест*и*тель дир*е*ктора. Р*о*берт *о*чень волн*у*ется. Он не зн*а*ет, зач*е*м ег*о* вызыв*а*ют. Замест*и*тель отда*ё*т ем*у* зарпл*а*ту и докум*е*нты. Р*о*берт ничег*о* не поним*а*ет.
«Мне *о*чень жаль вам *э*то говор*и*ть, но вы ув*о*лены,» говор*и*т замест*и*тель дир*е*ктора.
«Но почем*у*?» спр*а*шивает Р*о*берт.
«К сожал*е*нию, вы не прошл*и* испыт*а*тельный срок,» говор*и*т замест*и*тель дир*е*ктора.
«Но ведь дир*е*ктор хв*а*лит мо*ю* раб*о*ту!» возраж*а*ет Р*о*берт.
«Мне *о*чень жаль,» повтор*я*ет замест*и*тель. Р*о*берт забир*а*ет сво*и* докум*е*нты и в*е*щи и ух*о*дит из *о*фиса. Он с*и*льно расстр*о*ен. По дор*о*ге дом*о*й он всё вр*е*мя д*у*мает об *э*том увольн*е*нии. Ем*у* *э*то к*а*жется *о*чень стр*а*нным. Но Р*о*берт не дох*о*дит до д*о*ма. Неожиданно ем*у* звон*и*т сам дир*е*ктор комп*а*нии. Он предлаг*а*ет Р*о*берту верн*у*ться в *о*фис и говор*и*т, что х*о*чет с ним поговор*и*ть. Р*о*берт удивл*ё*н. Но он соглаш*а*ется и возвращ*а*ется в *о*фис. Он

Spring-cleaning

Robert studies at a college and works in a small company. The company sells electronics. Robert hasn't worked there for long. The director praises his work. Robert is happy that everything is going well at work. But suddenly the deputy director sends for Robert. Robert is very worried. He doesn't know why he has been sent for. The deputy director gives him his salary and documents. Robert understands nothing.
"I am very sorry to tell you this, but you're fired," the deputy director says.
"But why?" Robert asks.
"Unfortunately, you did not pass the probation period," the deputy director says.
"But the director praises my work!" Robert objects.
"I'm very sorry," the deputy repeats. Robert takes his documents and things and leaves the office. He is very upset. On his way home he thinks about this dismissal the whole time. It seems to him very strange. But Robert doesn't make it home. Suddenly the director himself calls him. He asks Robert to return to the office and says he wants to talk to him. Robert is surprised. But he agrees and returns to the office. He hopes that good news is

надеется, что его ждут хорошие новости. Он входит в кабинет директора и видит, что директор разговаривает с уборщицей.
«Пожалуйста,» говорит он уборщице, «Не перекладывайте больше бумаги на моём столе! Даже не вытирайте на нём пыль! Никогда!»
«Но ведь там было грязно,» отвечает уборщица, «Ведь я же хотела чтобы было лучше.»
Директор вздыхает и качает головой.
«Роберт,» говорит директор, «Ваша форма лежала у меня на столе. И наша уборщица случайно переложила её из одной стопки в другую. То есть из стопки «Премировать» ваша форма попала в стопку «Уволить,» объясняет директор, «Мне очень жаль, что так случилось. Надеюсь, так больше не случится.»
Роберт очень рад это слышать. Он не может поверить своему счастью.
«Так вы меня не увольняете?» спрашивает Роберт. Директор улыбается Роберту.
«Нет, мы не собираемся Вас увольнять, не беспокойтесь,» говорит директор, «Мы рады иметь такого аккуратного и старательного работника.»
«Спасибо,» говорит Роберт, «Это действительно хорошая новость.»
«Эту ошибку с твоим увольнением легко исправить,» говорит директор, «А вот документы про три грузовика с электроникой из стопки «Продать» переложили в стопку «Благотворительность». Чистота - дорогая штука,» говорит директор и грустно смотрит на свой чистый стол.

waiting for him. He enters the director's office and sees that the director is talking to the cleaning woman.
"Please," he says to the cleaning woman. "Do not ever move the papers on my table! Don't even wipe dust off it! Never!"
"But it was dirty," the cleaning woman replies, "After all, I wanted to make it better."
The director sighs and shakes his head.
"Robert," the director says, "Your form was on my table. And our cleaning woman accidentally moved it from one pile to another. That is, your form was moved from the pile for 'Bonuses' to the pile 'To Dismiss'," the director explains, "I'm very sorry that it happened. I hope it will not happen again."
Robert is very glad to hear it. He can't believe his luck.
"So you aren't going to fire me?" Robert asks. The director smiles at Robert.
"No, we aren't going to fire you. Don't worry," the director says, "We are glad to have such an accurate and careful worker."
"Thank you," Robert says, "This is really good news."
"This mistake with your dismissal is easy to correct," the director says, "But the documents of three trucks with electronics were moved from the pile 'Sell' to the pile 'Charity'. Cleanliness is an expensive thing," the director says and looks sadly at his clean table.

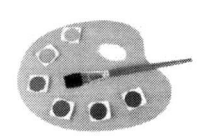

23

Бежевое такси
Beige taxi

Слова
Words

1. адрес - address; адреса *(gen)*
2. багаж - baggage
3. бежевый / бежевая / бежевое - beige; бежевом *(prep)*
4. белый / белая - white; белой *(fem inst)*
5. бесконечный - endless
6. бродит - walks
7. будит - wakes up
8. вежливо - politely
9. везти - to take *(smth or smb somewhere)*
10. вокзала *(gen)* - station
11. волнуются - (they) worry
12. впервые - for the first time
13. выгружает - takes out of (vehicle)
14. вызвал / вызвали - called; вызвать - to call
15. выражением *(inst)* - expression
16. гнев - anger
17. грузит - loads
18. дело в том, что - the fact is that
19. диспетчеры - dispatchers
20. долгих *(gen)* - long
21. другое - another
22. друзьям *(dat)* - friends
23. заказу *(dat)* - order, booking
24. замёрз - cold
25. звонили - called
26. звонком *(inst)* - call
27. здания *(gen)* - building
28. изо всех сил стараться - try one's best
29. клиент - client; клиента *(acc)*
30. кругом - around
31. лице *(prep)* - face
32. машин *(gen)* - cars
33. моей *(fem prep)* - my
34. называют - they name
35. найти - to find
36. насчёт - about

37. невозмут<u>и</u>мым *(inst)* - calm
38. непон<u>я</u>тно - do not understand
39. непр<u>и</u>ятный - unpleasant
40. непр<u>о</u>сто - not simple/easy
41. н<u>е</u>рвничать - to get nervous
42. нес<u>я</u> - carrying
43. нигд<u>е</u> - nowhere
44. никак<u>и</u>х *(gen)* - no (any)
45. номер<u>а</u> - numbers; номер<u>о</u>в *(plr gen)*; н<u>о</u>мером *(sng inst)*
46. об<u>и</u>дно - it hurts
47. обнар<u>у</u>живает - finds out
48. обх<u>о</u>дит - walks around
49. <u>О</u>пель - Opel
50. отк<u>а</u>зывается - refuses
51. п<u>а</u>ру *(acc)* - a couple, a few
52. перезв<u>а</u>нивают - call again
53. пл<u>о</u>хо - badly
54. подтверд<u>и</u>ла - confirmed
55. п<u>о</u>езд - train; п<u>о</u>езде *(prep)*
56. позвон<u>и</u>ть - to call
57. полов<u>и</u>на - half; полов<u>и</u>на четвёртого - half past three
58. преодолев<u>а</u>ет - overcomes
59. приб<u>ы</u>ва<u>е</u>т - arrives
60. придётся - must, will have to
61. при<u>е</u>дет - will come; при<u>е</u>хали - came
62. при<u>е</u>зду *(dat)* - arrival, coming
63. п<u>у</u>тают - (they) mix up
64. раб<u>о</u>таю - (I) work
65. р<u>а</u>дио - radio
66. расслышать - to hear distinctly, to catch
67. рассм<u>а</u>тривает - examines
68. растер<u>я</u>н - is confused
69. р<u>о</u>вно - exactly
70. серд<u>и</u>т - is angry
71. сказ<u>а</u>ли - told, said
72. сл<u>у</u>жба - service; служб *(plr gen)*; сл<u>у</u>жбу *(sng acc)*; сл<u>у</u>жбы *(sng gen)*
73. соб<u>о</u>й *(gen)* - reflexive form of pers. *pronouns*
74. совпад<u>а</u>ет - coincides
75. сон - dream
76. сообщ<u>а</u>ют / сообщ<u>и</u>ть - to tell
77. спрос<u>и</u>те - (you) will ask
78. с труд<u>о</u>м - with difficulty
79. счит<u>а</u>ть - to consider
80. такс<u>и</u>ст - taxi driver; такс<u>и</u>ста *(gen)*; такс<u>и</u>сту *(dat)*
81. телеф<u>о</u>на *(gen)* - phone number
82. темнот<u>е</u> *(prep)* - dark
83. терпел<u>и</u>во - patiently
84. террит<u>о</u>рию *(acc)* - territory
85. тяжёлый - heavy; тяжёлым *(inst)*
86. удивл<u>я</u>ются - (they) get surprised
87. узн<u>а</u>йте *(imp)* - find out
88. уточн<u>и</u>ли - confirmed, specified
89. хм - hum
90. хожд<u>е</u>ний *(gen)* - walking
91. ц<u>е</u>лый - whole
92. чемод<u>а</u>ном *(inst)* - suitcase
93. <u>я</u>сно - clear

B

Б<u>е</u>жевое такс<u>и</u>

Однажды Р<u>о</u>берт реш<u>а</u>ет по<u>е</u>хать в г<u>о</u>сти к сво<u>и</u>м друзь<u>я</u>м. Он<u>и</u> жив<u>у</u>т в друг<u>о</u>м г<u>о</u>роде, и Р<u>о</u>берт <u>е</u>дет к ним на п<u>о</u>езде. Его п<u>о</u>езд прибыв<u>а</u>ет туд<u>а</u> в три час<u>а</u> н<u>о</u>чи. Р<u>о</u>берт здесь вперв<u>ы</u>е. У него нет номер<u>о</u>в телеф<u>о</u>на служб такс<u>и</u> в <u>э</u>том г<u>о</u>роде. По<u>э</u>тому он звон<u>и</u>т друзь<u>я</u>м и пр<u>о</u>сит их в<u>ы</u>звать для нег<u>о</u> такс<u>и</u> на вокз<u>а</u>л. Друзь<u>я</u> д<u>е</u>лают, как он пр<u>о</u>сит. Он<u>и</u> говор<u>я</u>т, что ч<u>е</u>рез д<u>е</u>сять мин<u>у</u>т за ним при<u>е</u>дет б<u>е</u>лый «<u>О</u>пель». Р<u>о</u>берт ждёт, и ч<u>е</u>рез д<u>е</u>сять мин<u>у</u>т действ<u>и</u>тельно приезж<u>а</u>ет б<u>е</u>лый «<u>О</u>пель». Такс<u>и</u>ст кладёт в маш<u>и</u>ну баг<u>а</u>ж Р<u>о</u>берта и

Beige taxi

One day Robert decides to go visit his friends. They live in another city and Robert takes a train there. His train arrives there at three o'clock a.m. Robert is there for the first time. He doesn't have a phone number for the taxi services in this city. So he calls his friends and asks them to call a taxi for him to the station. The friends do as he asks. They say that in ten minutes a white 'Opel' will come for him. Robert waits, and really a white 'Opel' comes after ten minutes. The taxi driver puts Robert's baggage in the car and asks where to go.

спрашивает куда ехать. Роберт объясняет, что не знает адреса. Его друзья, которые вызвали такси, должны были сообщить адрес таксисту. «Моё радио здесь плохо работает. Поэтому я не могу расслышать адрес,» говорит таксист, «Узнайте у своих друзей адрес, пожалуйста. И обязательно спросите их, на какой номер телефона службы такси они звонили,» требует таксист.
«Зачем?» интересуется Роберт.
«Видите ли, я работаю только по заказу,» отвечает таксист, «Может быть, ваши друзья звонили в другую службу такси. Тогда это значит, что меня ждёт другой клиент, и я не могу везти вас вместо него.»
Роберт опять звонит друзьям и снова будит их звонком. Они терпеливо называют адрес и номер телефона службы такси. Роберт повторяет всё это таксисту.
«О! Так это телефон какой-то другой службы такси. Это не номер моей службы такси. Значит, меня вызвал кто-то другой,» говорит таксист и выгружает из машины вещи Роберта. Роберт растерян.
«Но, может быть, у вашей службы есть несколько разных номеров,» предполагает Роберт, «Мне сказали, что через десять минут приедет белый «Опель». И ровно через десять минут приехали Вы. Ведь у Вас белый «Опель», и больше никаких других такси тут нет.»
«Нет,» говорит таксист, «Теперь уже ясно, что за Вами приедет другое такси. Дело в том, что у меня не белый «Опель», а бежевый. А вам надо ждать белый.»
Роберт смотрит на его машину. Возможно, она и бежевая. Но в три часа ночи, в темноте, увидеть это непросто. Таксист отъезжает в сторону, останавливается и ждёт своего клиента. А Роберт снова стоит один возле здания вокзала. Он замёрз и очень хочет спать. Проходит ещё десять минут, но белый «Опель» не приезжает. Друзья волнуются и звонят Роберту. Они удивляются, почему он ещё не у них. Он объясняет им, что произошло.
Через пару минут они перезванивают и говорят, что машина уже на месте. Служба такси только что подтвердила это. Роберт обходит кругом всю территорию вокзала, но так и не находит

Robert explains that he doesn't know the address. His friends, who called the taxi, should have given the address to the taxi driver.
"My radio works badly here. So I can't get the address," the taxi driver says, "Find out the address from your friends, please. And it is obligatory to ask them for the telephone number of the taxi service they called," the taxi driver demands.
"Why?" Robert inquires.
"You see, I work only on booking," the taxi driver replies, "Your friends may have called another taxi service. Then it means that another client is waiting for me and I can't take you instead of him."
Robert calls his friends again and wakes them up with his call again. They patiently name the address and the phone number of the taxi service. Robert retells all this to the taxi driver.
"Oh! This is the phone number of another taxi service. This is not the phone number for my taxi service. Then somebody else called me." the taxi driver says and takes Robert's baggage out of the car. Robert is confused.
"Your taxi service may have several different numbers," Robert supposes, "I was told that a white 'Opel' would come for me in ten minutes. And you came exactly in ten minutes. After all, you have a white 'Opel', and there aren't any other taxis here.
"No," the taxi driver says, "It is now clear that another taxi will come for you. The fact is that my 'Opel' isn't white, but beige. And you have to wait for the white one."
Robert looks at his car. It may be beige. But at three o'clock at night, in the dark, it is not easy to see. The taxi driver drives off to the side, stops and waits for his client. And Robert stands alone again near the building of the station. He is cold and he really wants to sleep. Ten minutes more pass, but the white 'Opel' doesn't come. The friends worry and call Robert. They wonder why he is not at their house yet. He explains to them what happened. In a few minutes they call again and say that the car is already at the place. The taxi service

своего такси. Время идёт, и уже половина четвёртого. Друзья Роберта уже тоже хотят спать. Они начинают нервничать. Им непонятно, почему Роберт не может найти своё такси. Они перезванивают Роберту снова и сообщают ему номер машины. Роберту кажется, что он видит какой-то бесконечный и неприятный сон. Он ещё раз, неся за собой тяжёлый багаж, обходит весь вокзал и рассматривает номера машин. Но машины с таким номером нигде нет. И вдруг после долгих хождений он неожиданно обнаруживает, что номер его такси совпадает с номером машины того таксиста на бежевом «Опеле».

Роберт ужасно сердит. Он возвращается к таксисту и объясняет ему всё это. Он изо всех сил старается говорить спокойно и вежливо. «Хм, ну надо же,» говорит таксист и снова спокойно грузит в машину багаж Роберта. Роберт с трудом преодолевает гнев. Ведь он уже целый час бродит вокруг вокзала с тяжёлым чемоданом и не даёт спать своим друзьям! И всё только потому, что этот человек отказывается считать свою машину белой! И на всё это он отвечает «Хм»!

«Так как насчёт того, что ваша машина не белая, а бежевая?» спрашивает Роберт.

«Да, мне тоже обидно, что диспетчеры путают,» отвечает таксист с невозмутимым выражением на лице, «Так, вы уточнили адрес?»

Конечно, Роберт уже не помнит адреса. Он понимает, что придётся ещё раз позвонить друзьям. И ему кажется, что они уже не рады его приезду.

has just confirmed it. Robert goes around all the area of the station, but doesn't find his taxi. Time passes, and it's already half past three. Robert's friends want to go to sleep. They begin to get nervous. They don't understand why Robert can't find his taxi. They call Robert again and tell him the number of the car. It seems to Robert that he is watching an endless and unpleasant dream. He goes around the entire station, carrying the heavy baggage behind him, and examining the numbers of the cars. But there isn't a car with this number anywhere. When suddenly after walking for a long time he finds out that the number coincides with the car number of that taxi driver of beige 'Opel'.

Robert is very angry. He comes back to the taxi driver and explains to him all this. He tries his best to speak calmly and politely. "Hum, just think of it," the taxi driver says and loads Robert's baggage into the car again. Robert does his best to overcome anger. After all, he has already walked around the station with heavy suitcase for an hour and didn't let his friends sleep! And just because this person refuses to consider his car white! And to all this he replies "Hum"!

"And how about the fact that your car isn't white, but beige?" Robert asks.

"Yes, it hurts me too, that dispatchers mix it up," the taxi driver answers with a calm expression on his face, "Well, have you confirmed the address?"

Of course Robert doesn't remember the address anymore. He understands that he must call his friends again. And it seems to him, that they aren't glad about his arrival anymore.

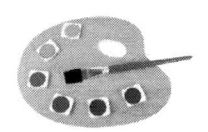

24

Новогодняя ёлка
Christmas tree

A

Слова
Words

1. автомоб<u>и</u>ля *(gen)* - car
2. алл<u>о</u> - hello
3. бак - can; б<u>а</u>ком *(inst)*; б<u>а</u>ку *(dat)*
4. вдвоём - two people together
5. вод<u>и</u>тели - drivers
6. выбир<u>а</u>ть - to choose; выбир<u>а</u>ют - they choose
7. в<u>ы</u>йти - to get out
8. в<u>ы</u>ходу *(dat)* - exit
9. год<u>у</u> *(prep)* - year
10. груз<u>и</u>ть - to load
11. дв<u>е</u>рцу *(acc)* - door; дв<u>е</u>рцы - doors
12. дел<u>а</u> *(pl)* - work, business
13. дост<u>а</u>вке *(prep)* - delivery
14. <u>е</u>здят - go (by transport)
15. езж<u>а</u>й *(imp)* - go
16. <u>е</u>хал - drove, went (by transport)
17. захват<u>и</u> *(imp)* - take with you
18. интер<u>е</u>сы - interests
19. клад<u>у</u>т - (they) put
20. книг *(gen)* - books
21. компь<u>ю</u>тер - computer
22. кот<u>о</u>рую - that, who, which
23. крас<u>и</u>вую *(acc)* - fine
24. кр<u>е</u>пкую - strong
25. кр<u>о</u>ме того - besides
26. кр<u>ы</u>шу *(acc)* - top, roof
27. люб<u>и</u>мый - favorite
28. магаз<u>и</u>н - store
29. м<u>а</u>ски - masks
30. маш<u>и</u>ной *(inst)* - car
31. мин<u>у</u>ту *(acc)* - minute; мин<u>у</u>ты - minutes
32. могл<u>а</u> - could
33. м<u>у</u>сорный - trash; м<u>у</u>сорному *(dat)*; м<u>у</u>сорным *(inst)*
34. над - over

82

35. несут - (they) carry
36. новогодняя ёлка - Christmas tree; новогоднюю ёлку (acc)
37. ножницы - scissors
38. общие - common
39. оплачивают - (they) pay
40. останавливает - stops
41. открытые (adj) - open; открыть - to open
42. парни - boys
43. поднимает трубку - answers the call
44. поднимают - (they) pick up
45. подъезжает - drives up
46. пока - bye
47. покупать - to buy
48. покупки - purchases
49. помещается - fits
50. праздник - celebration; праздники - celebrations
51. праздничное - festive
52. привязать / привязывать - to tie; привязал (past) - tied; привязана (past part) - tied
53. приеду - (I) will come

54. проводить (время) - to spend (time)
55. продолжается - lasts
56. разговаривал - was talking/talked
57. разговор - conversation
58. разрезает - cuts apart
59. родителям (dat) - parents
60. родственникам (dat) - relatives
61. сами - ourselves, youselves, themselves
62. свободное - free
63. семейные - family
64. сервис - service
65. сестрой (inst) - sister
66. смешные - funny
67. супермаркета (gen) - supermarket; супермаркете (prep)
68. сыграет - will play
69. сюрпризы - surprises
70. улыбались - smiled; улыбаются - smile
71. устроил шутку - played a prank
72. фейерверки - fireworks
73. чтением (inst) - reading
74. шутить - to play pranks
75. шутка - prank; шутку (acc)

B

Новогодняя ёлка

Роберт любит проводить свободное время за чтением книг. Давид любит играть в компьютер. Он также любит шутить над своей сестрой и своими друзьями. У Роберта и Давида есть также общие интересы. Они любят семейные праздники. Рождество - это любимый праздник Роберта и Давида. Каждый год они ездят в супермаркет покупать новогоднюю ёлку. В этом году Роберт и Давид тоже едут в супермаркет вдвоём.
В супермаркете Давид покупает новогодние подарки родственникам. Роберт покупает новогодние игрушки, фейерверки, маски и смешные сюрпризы. После этого они идут выбирать ёлку. Они выбирают красивую высокую ёлку. Роберт и Давид с трудом поднимают её и несут к выходу. Они оплачивают покупки и идут к выходу. Парни не видят, что недалеко находится сервис по доставке. Роберт и Давид начинают сами грузить ёлку. Ёлка не помещается в багажник. Тогда они решают привязать её на

Christmas tree

Robert likes to spend his spare time reading books. David likes playing computer games. He also likes playing pranks on his sister and his friends. Robert and David have common interests too. They like family celebrations. Christmas is Robert's and David's favorite celebration. They go to a supermarket to buy a Christmas tree every year. This year Robert and David go to a supermarket together as well.

David buys Christmas gifts for his relatives in the supermarket. Robert buys ew Year's decorations, fireworks, masks and funny surprises. Afterwards they go to choose a Christmas tree. They choose a fine tall tree. Robert and David pick it up and carry it to the exit with difficulty. They pay for the purchases and go to the exit. The boys don't see that a delivery service is nearby. Robert and David begin loading the Christmas tree

крышу автомобиля. Роберт идёт в магазин и покупает крепкую верёвку. Роберт и Давид кладут ёлку на крышу машины. Теперь нужно только крепко привязать её. В этот момент в машине звонит телефон Роберта. Ему звонит Габи, его сестра. Роберт садится в машину и отвечает на звонок.
«Алло,» говорит он.
«Роберт, привет!» говорит Габи.
«Привет, Габи! Как дела?» отвечает Роберт. Давид начинает сам привязывать ёлку. Разговор Роберта и Габи продолжается минуты три.
«Роберт, я уже привязал ёлку,» говорит Давид, «Я сейчас должен срочно зайти на минуту на работу, поэтому езжай без меня. Я приеду минут через двадцать,» заканчивает Давид. Его работа находится возле супермаркета, и он хочет идти туда пешком.
«Хорошо. Ты крепко привязал ёлку?» спрашивает Роберт.
«Не волнуйся. Я привязал её хорошо. Пока,» отвечает Давид, хитро улыбается Роберту и уходит.
Роберт едет к дому Давида. Ему по дороге улыбаются другие водители. Роберт тоже улыбается им. Сегодня у всех праздничное настроение! Роберт подъезжает к дому Давида. Он останавливает машину. Роберт пытается открыть дверцу машины. Но дверца не открывается. Теперь Роберт видит, что верёвка проходит через открытые окна. Он не может выйти из машины, потому что Давид привязал дверцы тоже. Роберт звонит родителям Давида. Трубку поднимает сестра Давида.
«Да,» отвечает Нэнси на звонок.
«Нэнси, это Роберт. Ты не могла бы выйти на улицу? И захвати ножницы, пожалуйста,» просит Роберт. Нэнси выходит и видит Роберта, который сидит в машине и не может выйти. Она начинает смеяться. Кроме того, она видит мусорный бак, который стоит рядом с машиной. Роберт разрезает верёвки и выходит из машины. Он тоже видит мусорный бак. Роберт видит, что верёвка привязана к мусорному баку. Роберт всю дорогу ехал с мусорным баком сзади! Это шутка, которую устроил Давид, пока Роберт разговаривал с Габи!
«Теперь я понимаю, почему улыбались

themselves. The Christmas tree does not fit in the trunk. So they decide to tie it to the top of the car. Robert goes to the store and buys a strong rope. Robert and David put the Christmas tree on the top of the car. They just need to tie it tightly. At this moment Robert's phone rings in the car. Gabi, his sister, calls him. Robert gets into the car and answers the call.
"Hello," he says.
"Hello, Robert!" Gabi says.
"Hello, Gabi! How are you?" Robert replies. David begins tying the New-Year's tree himself. Robert's and Gabi's conversation lasts about three minutes.
"Robert, I have already tied the Christmas tree," David says, "I have to go to work urgently for a minute, so go without me. I'll come in about twenty minutes," David concludes. His workplace is near the supermarket and he wants to go there on foot.
"Okay. Have you tied the Christmas tree tightly?" Robert asks.
"Don't worry. I've tied it well. Bye," David replies, smiles slyly to Robert and leaves. Robert drives to David's house. On his way other drivers smile at him. Robert also smiles at them. Everyone has a festive mood today! Robert drives up to David's house. He stops the car. Robert tries to open the door of the car. But the door doesn't open. Now Robert sees that the rope goes through the open windows. He can't get out because David also tied the doors. Robert calls David's parents. David's sister answers the call.
"Yes," Nancy answers the call.
"Nancy, this is Robert. Could you go outside? And bring scissors, please," Robert asks. Nancy goes outside and sees that Robert sits in the car and can't get out. She starts laughing. Besides, she sees a trash can near the car. Robert cuts the rope and gets out of the car. He sees the trash can too. Robert sees that the rope is tied to the trash can. Robert was driving with the trash can behind all way! It is a prank that David

водители!» смеётся Роберт. Он не сердится на Давида, но уже знает, какую шутку сыграет с ним.

played on him when Robert was talking to Gabi!
"Now I see why the drivers smiled!" Robert laughs. He isn't angry with David, but he already knows what prank he will play on him.

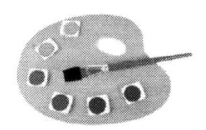

25

Пожар
Big fire

A

Слова
Words

1. вину *(acc)* - blame
2. влияет - influences
3. внезапно - suddenly
4. волнуюсь - worry
5. вскрикивает - cries out
6. выключить - to switch off
7. деньги - money
8. домом *(prep)* - house
9. дорогие - valuable
10. жена - wife; жене *(dat)*; женой *(inst)*
11. забегают - run (into, onto)
12. забыл - forgot
13. закрыть - to turn off, to close
14. замок - lock
15. занимают - (they) take
16. заходят - (they) come
17. извини - I'm sorry
18. интересный - interesting
19. кино - cinema; кинозал - cinema hall
20. кран - faucet
21. кресле *(prep)* - armchair
22. муж - husband; мужем *(inst)*; мужу *(dat)*
23. наслаждайся *(imp)* - enjoy
24. начинается - begins
25. недолго - not long
26. подъезжают - (they) arrive
27. поехали - went
28. пожар - fire; пожара *(gen)*; пожаре *(prep)*
29. пожарная - fire
30. полицейских *(gen)* - policemen
31. понимаешь - (you) understand
32. портишь - (you) spoil
33. потоп - flood
34. потушить - to put out
35. появляется - appears
36. при - at
37. признаёт - admits

86

38. приключенческие / приключенческий - action, adventure
39. проводят - (they) spend
40. располагается - settles down
41. сгорает - burns down
42. сигарету *(acc)* - cigarette
43. сидеть - to sit
44. сцена - scene
45. удобно - comfortably
46. успокойся *(imp)* - calm down; успокоить - to calm down
47. утюг - (flat) iron
48. уходила - went away
49. фильм - movie; фильме *(prep)*; фильмом *(inst)*; фильмы - movies
50. фотографии - photos

B

Пожар

Big fire

Родители Давида и Нэнси обычно проводят выходные дома. Но сегодня Линда и Кристиан идут в кино. Кристиан закрывает дверь на замок. Дома никого нет. Давид и Нэнси поехали в гости к Роберту и Габи.
Линда и Кристиан заходят в кинозал и занимают свои места. Начинается фильм. Это приключенческий фильм. Линда и Кристиан любят приключенческие фильмы. Внезапно Линда говорит: «Дорогой! Мне кажется, ты забыл дома потушить сигарету.»
«Это тебе только кажется. Все хорошо. Успокойся и наслаждайся фильмом,» Кристиан спокойно отвечает жене.
«Да-да, ты прав, Кристиан,» говорит Линда. Она удобно располагается в кресле, улыбается и смотрит фильм. Но вдруг в фильме появляется сцена пожара. Линда вскрикивает: «Кристиан! А вдруг я забыла выключить утюг?»
«Линда, на тебя плохо влияет фильм!» говорит Кристиан. Линда старается себя успокоить. Но это продолжается недолго. Она снова говорит: «Кристиан, как ты не понимаешь? При пожаре сгорает всё - документы, деньги, фотографии, дорогие вещи! Я больше не могу здесь сидеть!»
Линда встаёт и идёт к выходу. Кристиан бежит за ней. Они берут такси и едут домой. Кристиан очень расстроен. Он хотел провести этот вечер с женой, посмотреть интересный фильм.
«Линда, извини, но иногда ты всё портишь! Я очень хотел посмотреть с тобой кино, потом погулять вечером по городу, зайти в кафе!» говорит Кристиан. Линда чувствует свою вину.
«Извини меня, Кристиан! Я просто очень волнуюсь,» говорит Линда мужу. Кристиану приятно, что жена признаёт свою вину. Они

David and Nancy's parents usually spend their weekends at home. But today Linda and Christian are going to the cinema. Christian locks the door. There is nobody at home. David and Nancy went to visit Robert and Gabi.
Linda and Christian come into the cinema hall and take their sits. The movie begins. It's an action movie. Linda and Christian like action movies. Suddenly Linda says: "Darling! It seems to me that you forgot to put out a cigarette at home."
"It just seems to you. Everything is okay. Calm down and enjoy the film," Christian replies quietly to his wife.
"Yes, you're right, Christian," Linda says. She settles down comfortably in the chair, smiles and watches the film. But suddenly a fire scene appears in the film. Linda cries out: "Christian! What if I forgot to switch off the iron?"
"Linda, the film has a bad influence on you!" Christian says. Linda tries to calm down. But it does not last long. She says again:
"Christian, why can't you understand? Fire burns everything - documents, money, photos, valuable things! I can't sit here anymore!"
Linda gets up and goes to the exit. Christian runs after her. They take a taxi and go home. Christian is very upset. He wanted to spend this evening with his wife watching an interesting film.
"Linda, I am sorry, but sometimes you spoil everything! I wanted to watch a film with you so much and then walk in the city at night, go to a café!" Christian says. Linda feels guilty.

подъезжают к своему дому и выходят из машины.
«Кристиан!» вскрикивает Линда. Они смотрят на свой дом. Что они видят? Перед домом стоит пожарная машина и несколько полицейских. Кристиан и Линда забегают в дом. В их доме не пожар, а потоп! Линда забыла закрыть кран, когда уходила с мужем в кино.

"Forgive me, Christian! I just feel very uneasy," Linda says to her husband.
Christian is pleased that his wife admits her fault. They arrive at their house and get out of the car.
"Christian!" Linda cries. They look at their house. And what they see? In front of the house there is a fire truck and several policemen. Christian and Linda run into the house. There isn't a fire, but a flood! Linda forgot to turn off a faucet, when she went out with her husband to the cinema.

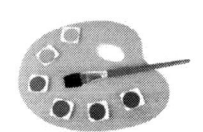

26

Осторожно, злая собака!
Beware of angry dog!

А

Слова
Words

1. абсолютно - completely, absolutely
2. аккуратный - careful
3. бросался - rushed to attack
4. будки *(gen)* - doghouse; будку *(acc)*
5. быстренько - quickly
6. верёвкой *(inst)* - rope
7. верна - true
8. временно - temporary
9. выбегает - runs out
10. вышел - went out
11. действует - behaves, acts
12. дисциплинированный - disciplined
13. добегает до - runs up to
14. жгут - tourniquet
15. заборе *(prep)* - fence; забором *(inst)*
16. злая - angry
17. знакомый - acquaintance; знакомого *(gen)*; знакомому *(dat)*; знакомым *(inst)*
18. зная - knowing
19. лаем *(inst)* - barking; лаять - to bark
20. медицинский - medical
21. места *(gen)* - place
22. метра *(gen)* - meters
23. набирает - dials
24. надпись - notice
25. натягивается - stretches; натягивался - stretched
26. немножко / немного - a little
27. непривычно - strangely, unusually
28. нечем *(inst)* - anything
29. ниткой *(inst)* - thread
30. новой *(inst)* - new
31. нужен - need
32. облаять - to bark
33. огромный - huge
34. осторожный - careful
35. отбрасывает - throws back
36. отдал - gave away

89

37. отделён - is separated
38. подальше - farther
39. пользуюсь - (I) use
40. попробовал - tried
41. порвал - tore apart
42. последнюю *(acc)* - the last
43. похолодел - felt a chill
44. привяжу - (I) will tie; привязывал - tied; привязан - is tied
45. придержал - held back; придерживает - holds back
46. рвал - tore
47. резиновый - rubber

48. сможет - can
49. смотрю - (I) see
50. снял - took off
51. стал - became
52. съездить - to go (and come back); съезжу - I will go (and come back)
53. телефоне *(prep)* - phone
54. тонкой *(inst)* - thin
55. ударяется - crashes, hits himself
56. характер - temper
57. хоть - though
58. цепь - chain; цепью *(inst)*

B

Осторожно, злая собака!

Однажды Роберт приходит в гости к своему знакомому. У него дома большая собака. Обычно собака привязана цепью возле своей будки. Надпись на заборе «Осторожно! Злая собака!» абсолютно верна. Зная характер собаки, Роберт останавливается подальше от забора и набирает на телефоне номер знакомого. Он хочет, чтобы знакомый вышел и придержал своего пса. И Роберт тогда сможет быстренько в дом пройти.
Собака всё же слышит Роберта и выбегает из будки, чтобы облаять. Роберт, хоть и отделён от собаки забором, но всё же похолодел внутри - огромный пёс привязан только тонкой верёвкой - практически ниткой...
Но пёс действует непривычно в этот раз. Бежит к Роберту, но все время оглядывается назад, на верёвку. Добегает до того места, где верёвка немножко натягивается, и останавливается. И только тогда начинает на Роберта громко лаять. Выходит знакомый, придерживает пса. Роберт со знакомым проходят в дом.
«А почему он такой непривычно дисциплинированный?» спрашивает Роберт, «Раньше он обычно почти цепь рвал - так сильно он бросался.»
«Да не только цепь,» отвечает знакомый Роберта, «Чем я его не привязывал? Всё попробовал. Когда он последнюю крепкую цепь порвал, нечем было больше его привязывать.

Beware of angry dog!

One day, Robert goes to visit his acquaintance. He has a big dog at home. The dog is usually tied to a chain near its doghouse. The notice on the gate 'Beware of angry dog' is completely true. Knowing the dog's temper, Robert stops far away from the gate and dials the acquaintance's phone number. He wants his acquaintance to go out and hold his dog. Then Robert can quickly go in the house.
The dog nevertheless hears Robert and runs from the doghouse to bark. Even though Robert is separated from the dog by a fence, he feels a chill inside - the huge dog is tied only to a thin rope, almost a thread...
But the dog behaves strangely this time. It runs to Robert but looks back at the rope all the time. It runs to a place, where the rope stretches a little, and stops. And only then it starts barking loudly at Robert. His acquaintance comes out and holds the dog back. Robert and his acquaintance go into the house.
"Why is it so unusually disciplined?" Robert asks, "Before, it almost tore the chain - it rushed to attack so strongly."
"Not only the chain," Robert's acquaintance replies, "What haven't I tied it with? I tried everything. When it tore the last strong chain, there wasn't anything any more with which to

Только жгут медицинский резиновый был дома. Ну, я думаю, привяжу временно, пока за новой цепью съезжу в магазин. Только привязал - а тут сосед заходит. Ну, пёс с лаем бросается - как всегда. Только в этот раз резиновый жгут натягивается, а потом отбрасывает его назад метра на три! Он ударяется о будку. Потом ещё так же несколько раз. На следующий день смотрю - пёс аккуратный стал, постоянно смотрит, чтобы жгут не натягивался. У меня нет времени за новой цепью съездить. А жгут недавно маме нужен был. Я его снял и отдал ей. И уже несколько дней вот этой тонкой верёвкой пользуюсь. А пёс осторожный стал!»	tie it. I only had a medical rubber tourniquet. Well, I thought, I'll tie it temporary till I go to a store for a new chain. I tied it and just then a neighbor came by. So, the dog as always rushed barking. But this time the rubber tourniquet stretched and then threw the dog back by about three meters! It crashed into the doghouse. Then the same happened a few more times. The next day I saw that the dog became careful. It watched all the time that the tourniquet didn't stretch. I didn't have time to go for a new chain. And my mom recently needed the tourniquet. I took it off and gave it to her. I have been using this thin rope for several days already. But the dog became careful!"

27

Ошибка Марса
Mars's mistake

A

Слова
Words

1. весёлой *(gen)* - happy
2. вечерком - one evening
3. вилка - plug
4. врывается - rushes into
5. всего - just
6. вылезает - gets out
7. действий *(gen)* - things, actions
8. журнал - magazine
9. заняться - do
10. кем *(inst)* - someone
11. ковёр - carpet
12. лапой *(inst)* - paw
13. место - place
14. обегает - runs round
15. обратно - back
16. осмысленных *(gen)* - sensible
17. отряхивается - shakes himself off
18. оттуда - off/from there
19. палача *(gen)* - executioner's
20. повезло - have luck
21. поиграть - play
22. покой - peace
23. понимая - realizing
24. прежде - before
25. простят - will forgive
26. розетка - socket; розетку *(acc)*
27. словил - caught
28. совершает - does
29. сотню *(acc)* - hundred
30. сохраняла - saved
31. средневекового *(gen)* - medieval
32. тишина - quiet
33. толкать - push
34. трижды - three times
35. удаётся - manages; удастся - will manage
36. удачно - successfully
37. улыбка - smile
38. ураган - hurricane
39. файл - file

40. чёрный - black
41. экран - screen

42. электрошнур - electric plug; электрошнура *(gen)*; электрошнуром *(inst)*

B

Ошибка Марса

Однажды вечерком сидит Давид на диване и читает журнал. Рядом за компьютером сидит его мама и делает какую-то работу. Тишина, покой... И тут в комнату врывается кот Марс. Это настоящий домашний ураган! Всего за пять секунд кот трижды обегает всю комнату, залезает на ковёр, спрыгивает оттуда прямо на Давида, затем залезает под диван, вылезает оттуда, отряхивается и совершает ещё сотню не очень осмысленных действий. После этого кот садится посередине комнаты и задумывается - чем бы ему ещё заняться? Вариант поиграть с кем-то из семьи сейчас не проходит. И тут кот замечает электрошнур компьютера. Кот прыгает на кресло и начинает играть с электрошнуром. Прежде чем Давид успевает что-то сделать, коту удаётся закончить дело, которое он начал. Вилка электрошнура немного выходит из розетки. И... выключается компьютер! Мама Давида, не понимая, что происходит, смотрит в чёрный экран. Она вдруг вспоминает, что она сохраняла файл на компьютере два часа назад. После этого Линда медленно поворачивается к коту и на лице у неё начинает появляться улыбка средневекового палача. Кот начинает чувствовать, что приходит конец его весёлой жизни. А ведь он так мало ещё мяукал, так мало мышей словил, так редко играл с соседской кошкой Фидорой. И тогда Марс поворачивается к вилке, которая ещё полностью не вышла из розетки, и начинает лапой толкать её обратно в розетку. Он, наверное, надеется, что если ему удастся всё исправить, то его простят. И ему удаётся! Вилка входит на место и компьютер включается! Марс быстро уходит из комнаты и ложится на окно в кухне. Он смотрит на улицу и, наверное, думает что ему повезло, что всё закончилось так удачно.

Mars's mistake

One evening, David is sitting on a couch and reading a magazine. His mom is sitting nearby at the computer and doing some work. Peace and quiet... And here the cat Mars rushes into the room. It is a real household hurricane! In just five seconds it runs around the room three times, climbs on a carpet, jumps off there directly on David, then gets under the couch, gets out of there, shakes himself off and does a hundred other not very sensible things. Then the cat sits down in a middle of the room and thinks - what else should it do? Playing with someone from the family is not an option right now. At this point the cat notices a computer electric cord. The cat jumps on an armchair and starts playing with the electric cord. Before David has time to do anything, the cat manages to finish the task it has started. The electric plug goes a little out of the socket. And... the computer turns off! David's mother looks at the black screen and does not realize what's going on. Suddenly she remembers that she saved a file on the computer two hours ago. Then Linda slowly turns to the cat and a medieval executioner's smile starts to appear on her face. The cat begins feeling that the end of its happy life is coming. But it has meowed so little, it has caught so few mice, it has played so seldom with the neighbor cat Fedora. And then Mars turns to the plug that isn't completely out of the socket, and with its paw starts pushing it back into the socket. It probably hopes that if it can fix everything, it will be forgiven. And it succeeds! The plug goes into its place and the computer turns on! Mars quickly leaves the room and lies down by a window in the kitchen. It looks at the street and probably thinks it must be lucky that everything ended so successfully.

93

28

Без очереди
Cutting in line

A

Слова
Words

1. б<u>а</u>бушка - old woman, granny
2. б<u>а</u>бушки *(gen)* - old woman's
3. бух<u>а</u>нку *(acc)* - loaf
4. б<u>ы</u>вший - former; б<u>ы</u>вшему *(dat)*
5. возмущ<u>а</u>ется - gets outraged
6. выск<u>а</u>зывание - phrase
7. г<u>о</u>рдо - proudly
8. д<u>а</u>йте *(imp)* - give; дать - to give
9. занимает - takes
10. извинившись - having apologized
11. извиняется - apologizes; извинялся - apologized
12. изменился - changed
13. к<u>а</u>ссе *(prep)* - cash register
14. килогр<u>а</u>мм - kilogram
15. колбас<u>ы</u> *(gen)* - sausage
16. контрол<u>и</u>рующая - supervising
17. м<u>а</u>льчиком *(inst)* - boy
18. мгнов<u>е</u>ние - moment
19. м<u>е</u>стью *(inst)* - revenge
20. наверняк<u>а</u> - for sure
21. н<u>а</u>глости - impudence
22. наруш<u>а</u>ть - break
23. наступ<u>а</u>ли - stepped closer
24. н<u>а</u>шем *(prep)* - our
25. н<u>е</u>которые - some; н<u>е</u>которых *(gen)*
26. ниск<u>о</u>лько - not at all
27. образц<u>ы</u> - samples
28. обращ<u>а</u>ется - addresses; обращ<u>а</u>ются - address, talk to

94

29. обращая внимание - paying attention
30. обстоятельства - circumstances
31. объяснений - explanation
32. одноклассник - schoolmate
33. организация - organization
34. отходит - walks away
35. очередь - line
36. пачку *(acc)* - pack
37. поддерживает - supports
38. права - rights
39. правила - rules
40. продавщица - saleswoman; продавщице *(dat)*; продавщицу *(acc)*

41. продаются - sold
42. против - against
43. рисковать - take a risk
44. сердито - angrily
45. скромным *(inst)* - modest
46. сока *(gen)* - juice
47. старик - old chap
48. сыра *(gen)* - cheese
49. томатного *(gen)* - tomato
50. тот - that
51. успокаиваются - calm down
52. хлеба *(gen)* - bread

B

Без очереди

Cutting in line

Однажды Давид заходит в магазин, чтобы купить колбасы и сыра. Людей в магазине много. Давид занимает очередь и смотрит по сторонам. В магазин заходит бывший одноклассник Давида, Михаил, и подходит прямо к кассе, совсем не обращая внимания на очередь. Михаил был скромным мальчиком в школе. Если ему наступали на ногу, то он сам извинялся. С тех пор он нисколько не изменился, и если решил пройти без очереди, то обстоятельства наверняка были очень серьёзные. Извинившись у очереди несколько раз, Михаил обращается к продавщице по имени: «Юля, дайте мне, пожалуйста, один килограмм колбасы, буханку хлеба и пачку томатного сока.»

Удивлённая на мгновение от такой наглости, очередь возмущается в адрес Михаила. На каждое высказывание против него, Михаил говорит «извините» или «простите». Когда он ещё раз извиняется и отходит от очереди, то люди обращаются к продавщице, требуя объяснений.

«Михаил привет!» обращается к нему Давид с улыбкой, «Как поживаешь, старик?»

«Давид!» говорит Михаил, «Привет, дорогой! Сколько лет, сколько зим!»

Но люди в очереди не успокаиваются. Одна маленькая бабушка требует директора.

«Господин директор,» обращается продавщица

One day, David goes into a convenience store to buy some sausage and cheese. There are a lot of people in the store. David takes a place in the Line and looks around. David's former schoolmate, Michael, enters the store and goes right to the cash register, without paying any attention to the Line. Michael was a modest boy at school. If somebody stepped on his foot, he was the one who apologized. He has not changed since then, and if he decided to jump the Line, then the circumstances are very serious for sure. Having apologized to the Line several times, Michael addresses the saleswoman by name: "Julia, give me a kilogram of sausage, a loaf of bread and a pack of tomato juice, please."

Surprised for a moment by such impudence, the Line gets outraged with Michael. Michael says 'I'm sorry' or 'I apologize' to every phrase said against him. When he apologizes once more and walks away from the Line, people talk to the saleswoman demanding an explanation.

"Hello, Michael!" David says to him with a smile, "How are you, old chap?"

"David!" Michael says, "Hello, my dear! Long time no see!"

But people in the Line do not calm down. A little old woman demands the manager.

"Mister manager," the saleswoman says to David's former schoolmate, "They are

к бывшему однокласснику Давида, «Вас спрашивают!»

«Хоть Вы директор, всё равно не имеете права нарушать правила!» кричит бабушка сердито. Она бьёт своей сумкой Михаила по ноге и гордо выходит из магазина. Давид поддерживает Михаила, чтобы тот не упал. Они с опаской смотрят на других людей в очереди. Но те довольны местью бабушки и отворачиваются от них.

«Контролирующая организация срочно требует образцы некоторых продуктов, которые продаются в нашем магазине,» объясняет Михаил Давиду, «Я не думал, что придётся так рисковать, когда попросил продавщицу дать эти образцы.»

demanding you!"

"Although you're the manager, you still don't have the right to break the rules!" the old woman cries angrily. She hits Michael's leg with her bag and proudly leaves the store. David supports Michael so that he does not fall. They look at the other people in the Line with caution. But those are satisfied with the old woman's revenge and turn away from them.

"A supervising organization urgently demands samples of some of the food sold in our store," Michael explains to David, "I didn't think I would take a risk when I asked the saleswoman to give me these samples."

29

13

Место номер тринадцать
Seat number thirteen

A

Слова
Words

1. армии, армию *(acc)* - army
2. будешь, буду - will
3. взволнована - worried
4. вчера - yesterday
5. въезжает - goes into
6. горит - lights up
7. доехать - get to
8. желаю - wish
9. жениться - get married *(for men)*
10. выходить замуж - get married *(for women)*
11. запись - note, message
12. зарядить - charge
13. испанский - Spanish
14. классно - great
15. ноутбук - laptop
16. обрывается - breaks
17. перевести - translate
18. писал - wrote, posted
19. плакать - cry
20. планшете *(prep)* - tablet
21. пошутил - played a joke
22. сделать предложение - ask smb. to marry
23. предложения - sentences
24. профиль, профиля *(gen)* - account
25. связь - connection
26. сиденье - seat
27. служить - serve
28. согласна - agreed
29. станции *(gen)* - station
30. Твиттер - Twitter
31. трамвае *(prep)* - tram
32. тринадцать - thirteen
33. туннель - tunnel
34. увидимся - see you
35. удаляет - deletes
36. учебник - textbook
37. учить - study
38. целует - kisses

97

B

Место номер тринадцать

Роберт собирается поехать к своей подруге Лене. Он не предупреждает её, потому что хочет приехать к ней неожиданно. Он хочет сделать ей предложение выйти за него замуж. Роберт покупает билет на автобус. Это занимает два часа чтобы доехать туда. Роберт не хочет терять это время. Он берёт с собой учебник. Он хочет учить испанский.

Роберт заходит в автобус. У него место тринадцать. Рядом с ним садится мужчина. Автобус отъезжает от станции. Роберт достаёт свой учебник. Он начинает выполнять первое задание. Роберт должен перевести текст. Он переводит только два предложения, когда у него звонит телефон. Это звонит Давид.

«Привет Роберт. Это правда?» спрашивает Давид.

«Да, это правда,» отвечает Роберт, «А… откуда ты узнал об этом?»

«В Твиттере прочитал. Это классно! Жаль, что мы не скоро увидимся. Я желаю тебе удачи!» говорит Давид и заканчивает разговор.

Роберт не понимает. Почему не скоро увидимся? И в Твиттере он не писал, что хочет сделать предложение Лене. Роберт снова берёт свой учебник. Он пытается учить испанский. Проходит минут пятнадцать. Телефон звонит снова. На экране номер Лены.

«Привет Роберт,» говорит Лена.

«Привет Леночка,» отвечает Роберт.

«Почему ты не сказал мне?» Лена начинает плакать, «Я буду ждать тебя…»

Автобус въезжает в туннель и связь обрывается. Роберт растерян. Он смотрит в учебник, но не может учить. Он думает о странных звонках. Затем он видит номер тринадцать на своём сиденье. Роберту становится не по себе. Он берёт телефон чтобы позвонить Лене. Но экран телефона не горит. Роберт забыл его зарядить. Через час автобус приезжает в город Лены. Роберт выходит на станции и едет к Лене на трамвае. Он приходит к ней домой неожиданно и Лена очень взволнована.

«Привет Лена,» говорит Роберт и обнимает её.

Seat number thirteen

Robert is going to visit his friend Elena. He doesn't let her know because he wants to come unexpectedly. He wants to ask her to marry him.

Robert buys a bus ticket. It takes two hours to get there. Robert doesn't want to waste this time. He takes a textbook with him. He wants to study Spanish.

Robert gets on the bus. He has seat number thirteen. A man sits down next to him. The bus departs from the station. Robert takes out his textbook. He begins doing the first exercise. Robert has to translate a text. He translates only two sentences, when his phone starts ringing. This is David calling.

"Hi Robert. Is it true?" David asks.

"Yes, it is true," Robert answers, "Well… how did you find out about it?"

"I read it on Twitter. It's great! It's pity we won't see each other soon. I wish you good luck!" David says and finishes the conversation.

Robert doesn't understand. Why won't we see each other soon? He also did not post on Twitter that he was going to ask Elena to marry him. Robert takes out the textbook again. He tries to study Spanish. About fifteen minutes pass. The phone rings again. Lena's phone number is on the screen.

"Hi Robert," Lena says.

"Hi Lena," Robert answers.

"Why didn't you tell me?" Elena begins to cry, "I will wait for you…"

The bus goes into a tunnel and the connection breaks. Robert is confused. He looks at the textbook, but cannot study. He thinks about the strange calls. Then he sees the number thirteen on his seat. Robert feels uneasy. He takes out the phone to call Elena. The telephone screen does not light up. Robert forgot to charge it.

The bus arrives in Elena's city an hour later. Robert goes out to the station and takes a tram to Elena's house. He comes to her house

«Привет Роберт,» отвечает Лена. Она очень рада, что Роберт приехал. Она целует его.
«Почему ты сказала, что будешь ждать меня?» спрашивает Роберт, «Ждать откуда?»
«Я прочитала в Твиттере, что ты идёшь служить в армию,» говорит она.
Роберт вспоминает, что вчера вечером писал что-то в Твиттере на планшете своего знакомого и забыл выйти из своего профиля. Роберт понимает, что его знакомый пошутил. Он просит Лену включить её ноутбук. Он заходит в свой профиль и удаляет запись «Я иду служить в армию». Роберт и Лена смеются. Роберт звонит Давиду и рассказывает всю эту историю. Он также говорит, что Лена согласна выйти за него замуж.
«Я действительно рад, что ты вместо армии будешь жениться!» радуется Давид.

unexpectedly and Lena is very worried.
"Hi Lena," he says and hugs her.
"Hi Robert," Elena answers. She is glad that Robert came. She kisses him.
"Why did you tell me you would wait for me?" Robert asks, "Wait for me to return from where?"
"I read on Twitter that you are going to join the army," she says.
Robert recalls that yesterday evening he wrote something on Twitter on his acquaintance's tablet and forgot to log out of his profile. Robert understands that his acquaintance played a prank. He asks Lena to switch on her laptop. He goes into his account and deletes the message "I am going to join the army." Robert and Elena laugh. Robert calls David and tells him all this story. He also says that Lena agreed to marry him.
"I am really glad that you are going to get married instead of joining the army!" David says gladly.

30

Домашнее задание
Homework

A

Слова
Words

1. в поря́дке *(prep)* - all right
2. вчера́шнее - yesterday's
3. выполня́ть - do
4. дала́ - gave, даю́ - give
5. зада́ли - gave (a task)
6. лист - a sheet of paper
7. непрове́ренное - unchecked
8. оце́нка - grade
9. спосо́бная - capable
10. тре́тьем *(inst)* - third
11. тру́дно - difficult
12. уделя́ют внима́ние - pay attention
13. учёбе *(dat)* - studying
14. у́чит - studies

B

Домашнее задание   *Homework*

Нэ́нси у́чится в шко́ле в тре́тьем кла́ссе. Ли́нда и Кристиа́н уделя́ют мно́го внима́ния её учёбе. Они́ всегда́ проверя́ют её дома́шние зада́ния. Но им тру́дно проверя́ть испа́нский язы́к. Поэ́тому испа́нский всегда́ проверя́ет Дави́д. Нэ́нси спосо́бная де́вочка. Но испа́нский она́ у́чит не

Nancy goes to the third grade at school. Linda and Christian pay a lot of attention to her studies. They always check her homework. But it is difficult for them to check Spanish. So David always checks Spanish. Nancy is a capable girl. But she does not study Spanish

очень хорошо. Поэтому Давид много занимается с ней.

Через какое-то время Нэнси начинает выполнять все задания без ошибок. Кристиан и Линда очень радуются, что она хорошо учит испанский.

Однажды вечером Давид, как всегда, проверяет домашнее задание сестры по испанскому. Он видит, что всё сделано правильно. Нет ни одной ошибки. Давид очень рад. Он показывает домашнее задание сестры Линде и Кристиану. Все очень рады и хвалят Нэнси.

Но на следующее утро Линда видит, что у дочери на столе лежит лист с домашним заданием, которое вчера проверял Давид. Линда понимает, что Нэнси забыла этот лист на столе. Она переживает за дочь, ведь сегодня она пришла на урок без домашнего задания.

После обеда Нэнси возвращается домой, и Линда спрашивает у неё:

«Ты забыла своё домашнее задание по испанскому?» говорит она, «Теперь у тебя, конечно же, стоит за него низкая оценка?»

«Нет, мама,» отвечает ей дочь, «С заданием всё в порядке, у меня за него высокая оценка. Почему ты так думаешь?» удивляется Нэнси.

«У тебя за него высокая оценка?» тоже удивляется Линда, «Но как это возможно? Ведь оно лежит здесь на твоём столе. Это твоё сегодняшнее задание, которое проверял Давид.»

«Это вчерашнее домашнее задание,» объясняет ей дочь, «Мы его ещё вчера в классе проверили.»

Линда не может понять, в чём дело...

«А зачем ты давала Давиду проверять старое домашнее задание, которое уже проверяли в классе?» спрашивает Линда, «Почему ты не дала ему проверить то, что вам задали на сегодня?»

«Ну как ты не понимаешь,» говорит ей дочь, «Я же не такая глупая, чтоб показывать ему непроверенное задание. Ведь Давид кричит и ужасно ругает меня за каждую ошибку! Вот я ему и даю вчерашнее задание, которое мы в школе уже проверяли.»

well. So David helps her study a lot.
After some time Nancy begins doing all the exercises without mistakes. Christian and Linda are very glad that she studies Spanish well.
Once in the evening David as always checks his sister's homework in Spanish. He sees that everything is done correctly. There isn't a single mistake. David is very glad. He shows his sister's home work to Christian and Linda. All are very happy and praise Nancy.
But next morning Linda sees a sheet of paper with homework that David checked yesterday on her daughter's desk. Linda realizes that her daughter has forgotten this sheet of paper on the desk. She is worried about her daughter, because she has gone to the lesson without her homework today.
Nancy comes back home in the afternoon and Linda asks her:
"Have you forgotten your homework in Spanish for today?" she says, "Now you've got a poor grade for it?"
"No, mom" the daughter replies to her, "It's all right with the assignment. I've got a good grade for it. Why do you think so?" Nancy says in surprise.
"You've got a good grade for it?" Linda is surprised too, "But how is it possible? It is here on the desk. This is your today's homework, that David checked."
"It is yesterday's homework," the daughter explains to her, "We checked it in class yesterday."
Linda can't understand what's going on...
"And why did you ask David to check an old homework that had already been checked in class?" Linda asks, "Why didn't you ask him to check the assignment that was given to you for today?"
"Why can't you understand." the daughter says to her, "It would be silly to show him unchecked work. David shouts and scolds me awfully for every mistake! So I give him yesterday's assignment that we have already checked at school.

Русско-английский словарь

а - and, but
абсолютно - completely, absolutely
автобус - bus; автобуса *(gen)*; автобусу *(dat)*
автобусе *(prep)* - bus
автомобиле *(prep)* - car
автомобиля *(gen)* - car
автора *(gen)* - author
адекватна *(fem)* - adequate, in right mind
адрес - address; адреса *(gen)*
азарт - excitement; с азартом - excitedly
азиатскую *(acc)* - Asian
аквариум - aquarium; аквариуме *(prep)*
аквариумных *(adj plr acc)* - aquarium
аккуратного *(gen)* - accurate
аккуратный - careful
активная - active
алло - hello
английская - English
английский - English; английском *(prep)*
английского *(gen)* - English
аппетитно - appetizing
армии, армию *(acc)* - army
архитектором *(inst)* - architect
аудиторию *(acc)* - classroom
бабушка - old woman
бабушки *(pos)* - old woman's
багаж - baggage
багажник - trunk
багажного *(gen)* - luggage
бак - can; баком *(inst)*; баку *(dat)*
бассейн - swimming pool
бега *(gen)* - running
бегает - runs; бегать - to run
бежать - to run
бежевый / бежевая / бежевое - beige;
бежевом *(prep)*
бежит - runs
без - without
бездомный - homeless
бездумно - thoughtless, careless
белый / белая - white; белой *(fem inst)*
берёт - takes
берут - take
беседуют - talk
бесконечный - endless
беспокойся *(imp sng)* - worry; беспокойтесь *(imp plr)*

бешено - furiously; бешеным *(adj inst)*
библиотеки *(gen)* - library
библиотеку *(acc)* - library
Библию *(acc)* - Bible
билет - ticket
благодарит - thanks
благополучно - happily, safely
благотворительность - charity
бледнеет - turns pale
бледный - pale
ближайшему *(dat)* - nearest
близко - close, near(by)
блюда - dishes, plates; блюд *(plr gen)*;
блюде *(prep)*
блюдо - dish
блюдом *(inst)* - dish
Бог - God; Богом *(inst)*
боится - is afraid
болеет - is ill
болит - hurts
больная - sick; больна *(short form)* - is sick
больницу *(acc)* - hospital
большая - big
больше - more, anymore
большие *(plr)* - big
большим *(inst)* - huge
большими *(inst plr)* - big
большой *(inst fem)* - big
боялся - was afraid
брат - brother; братом *(inst)*
бродит - walks
бросается - attacks
бросался - rushed to attack
брызгает - splashes
будет - will (be)
будете - (you) will
будешь, буду - will
будит - wakes up
будки *(gen)* - doghouse; будку *(acc)*
букет - bouquet
бумаги - papers
буханку *(acc)* - loaf
бы - would
бывать - to come, to visit
бывшему - former
бывший - former
был - was

были - were
было - was
быстренько - quickly
быстро - quickly
быть - to be
бьёт - hits
в - in
в конце концов - at last, finally
в том *(prep)* - in that; в этом *(prep)* - in this
важная - important
важно - important
важному *(dat)* - important
вам - to you
вами *(inst sng)* - you
варвар - barbarian; варваром *(inst)*
вариант - alternative, variant
варить - to cook
вас *(acc)* - you
ватой *(inst)* - wadding
ваш - your
ваша - your
ваше - your
вашей *(gen)* - your
ваши - your
вашими *(inst)* - your
вдвоём - two people together
вдруг - suddenly
ведёт - leads
ведро - bucket; ведру *(dat)*
ведь *interjection*
вежливо - politely
везти - to take *(smth or smb somewhere by transport)*
везут - take by transport
великим *(inst)* - great
верёвка - rope; верёвки *(gen)*; верёвку *(acc)*
верёвкой *(inst)* - rope
верна - true
вернуться - to return
весёлая - cheerful
весело - cheerfully
весёлой *(gen)* - happy
весной - in spring
весь - whole
весьма - very
ветка - branch
ветке *(prep)* - branch
ветки - branches

вечер - evening
вечера *(gen)* - evening
вечерами - in evenings
вечерком – one evening
вечернему *(adj prep)* - evening
вечернюю *(adj acc)* - evening
вечером - in the evening
вечности - eternity
вещей *(gen)* - things
вещи - things
вещь - thing
взволнована - worried
вздыхает - sighs
взрыв - explosion
видела - saw
виделись - saw each other
видеть - to see
видит - sees
видите - (you) see
видишь - (you) see
видно - one can see
видят - (they) see
визиты - visits
вилка - plug
вилку *(acc)* - fork
вилок *(gen)* - forks
виновата - guilty
вину *(acc)* - blame
висит - hangs
включать - to turn on
вкусная *(adj)* - tasty; вкусным *(inst)*
вкусно *(adv)* - tasty
вкусную *(acc)* - tasty
вкусные - delicious
вкусный - tasty
влетает - flies in
влияет - influences
вместе - together
вместо - instead of
внезапно - suddenly
внешне - in outward appearance
вниз - down
внимания *(gen)* - attention
внимательно - closely
внутреннюю *(fem adj acc)* - inner
внутри - inside
во - in
вовремя - on time

водители - drivers
водителя *(acc)* - driver
водой *(inst)* - water
воду *(acc)* - water
возвращается - returns
возвращаться - come back
возвращаются - come back
возле - by, near
возможно - maybe
возмущается - gets outraged
возражает - objects
возьму - (I) will take
вокзал - station
вокзала *(gen)* - station
вокруг - around
волноваться - to worry
волнуется - worries
волнуйся *(imp)* - worry
волнуйтесь *(imp)* - worry
волнуюсь - worry
волнуются - (they) worry
волосы - hair
вопросы - questions
восемь - eight
воскресенье - Sunday
восхитительно - amazing; восхищается - admires
восхищена - admiring
восьмилетняя - eight-year-old
вот - here
впервые - for the first time
впечатлён - impressed
впечатление - impression; под
впечатлением *(inst)* - impressed
впечатления - impressions
врач - doctor
времени *(gen)* - time
временно - temporary
время - time
вроде - it seems
врывается - rushes
все - all
всё - everything
всё равно - anyway
всегда - always
всего - just
всем - to everybody
всех *(gen)* - all

вскакивает - jumps up
вскрикивает - cries out
вслед - after
вспоминает - recalls
вспоминают - (they) recall
вспомнить - to remember
встаёт - gets up
встретимся - will meet; встретиться - to meet
встречается - meets
встречались - met
всю *(acc)* - whole
вся - whole, all; для всей - for the whole
всякий - any
вторая - second
вторник - Tuesday
входит - enters
вчера - yesterday
вчерашнее - yesterday's
въезжает - goes
вы *(plr)* - you
выбегает - runs out
выбирать - to choose; выбирают - they choose
выбрасывают - (they) throw out
выглядит - looks, appears
выглядят - (they) look
выгружает - takes out of (vehicle)
выдумывает - invents
вызвал / вызвали - called; вызвать - to call
вызывает - calls
вызывают - (they) call
выйти - to get out
выключить - to switch off
вылезает - gets out of
выносит - brings
выпекаться - to bake
выполняет - fullfills, does
выполнять - doing
выражение - expression
выражением *(inst)* - expression
выращивают - grow
высказывание - phrase
выскакивает - jumps out
высокое - high
высокую - high
выставка - exhibition; выставке *(prep)*
выставки *(gen)* - exhibition; выставку *(acc)*

в_ы_сшей *(gen)* - highest; в_ы_сшую *(acc)*
вытир_а_йте *(imp)* - wipe
в_ы_учила - learned
вых_о_дит - gets out
выходн_о_й - day off
выходн_ы_е - weekend, days off
в_ы_ходу *(dat)* - entrance
вых_о_дят - (they) go out
в_ы_шел - went out
в_ы_шли - left, went out
в_я_зки *(gen)* - mating
газ_е_ты - newspapers
где - where
где-ниб_у_дь - somewhere, anywhere
гд_е_-то - somewhere
генер_а_льная уб_о_рка - spring cleaning
геп_а_рда *(gen)* - cheetah
гл_а_вное - main
гл_а_вный - main; гл_а_вным *(inst)*
гл_а_дит - pets
глаз - eye; глаз *(gen plr)* - eyes
глаз_а_ - eyes
глаз_а_ми *(inst)* - eyes
глаз_а_х *(prep)* - eyes
глуб_о_кий - deep
гл_у_пые - stupid
гл_я_дя - looking
гнев - anger
говор_и_ла - said
говор_и_т - says
говор_и_ть - to tell, to say
говор_и_шь - (you) say
говор_я_т - (they) say
говор_я_щий - talking
год - year
год_у_ *(prep)* - year
голов_о_й *(inst)* - head
г_о_лову *(acc)* - head
г_о_лос - voice; г_о_лосом *(inst)*
г_о_нится - chases
горд_и_тся - (is) proud
г_о_рдо - proudly
гор_и_т - light up
г_о_рный *(masc adj)* - mountain; г_о_ры - mountains
г_о_род - city; г_о_роде *(prep)*; г_о_роду *(prep)*
город_а_ *(gen)* - city
город_о_к - small city

городск_о_м *(adj prep)* - public, city
господ_и_н - Mr., Sir
г_о_сти - guests
гост_и_нице *(prep)* - hotel; гост_и_ницы *(gen)*
гост_и_ной *(prep)* - living room
гость - guest
гот_о_ва - (is) ready
гот_о_вит - prepares; гот_о_влю - I prepare
гот_о_вится - prepares
гот_о_вить - to prepare, to cook
гот_о_вы - ready
грек - Greek; гр_е_ков *(gen)*; гр_е_ком *(inst)*
Гр_е_ции *(gen)* - Greece
гр_е_ческий - Greek; гр_е_ческим *(inst)*; гр_е_ческое *(inst)*
гриб - mushroom; гриб_ы_ - mushrooms
гр_о_мко - loudly
гр_о_мче - louder
гр_у_зит - loads
груз_и_ть - to load
грузовик_а_ *(gen sng)* - truck's
гр_у_стно - sadly
гр_у_стные - sad
гр_я_зно - dirty
грязн_о_й *(gen)* - dirty; гр_я_зную *(acc)*
гул_я_ют - (they) walk
г_у_сеница - caterpillar; г_у_сеницу *(acc)*; г_у_сеницы *(gen)*
да ещё - moreover
дав_а_й - let's
давн_о_ - a long time ago
даёт - gives, lets
д_а_же - even
дай *(imp)* - give
д_а_йте - give
дал_а_ - (she) gave
далек_о_ - far, long way
д_а_ли - gave
д_а_льше - further
д_а_рит - gives as a gift
дать - give
да_ю_ - (I) give
два - two
дв_а_дцать - twenty
две - two
дв_е_ри - doors
дв_е_рца - little door
дв_е_рцу *(acc)* - door; дв_е_рцы - doors

дверь - door
двести - two hundred
двигается - moves
движется - moves
двоим *(dat)* - two *(people)*
двор - yard; во дворе *(prep)* - in the yard
двумя *(inst plr)* - with two
двух *(acc)* - two
девочка - girl; девочке *(dat)*; девочки *(gen)*
девушка - girl; девушки - girls
девушке *(dat)* - girl
девушки - girls; девушкам *(dat)*; девушкой *(dat)*
девушку *(acc)* - girl
действий *(gen)* - things
действительно - really
действует - behaves, acts
дела *(pl)* - work, business
делает - does
делаете - (you) do
делал *(sng)* - made; делали *(plr)*
делам *(dat plr)* - business; делу *(dat sng)*
делами *(inst plr)* - chores
делать - do, make
делают - (they) make
деликатес - delicious dish
деликатесом *(inst)* - delicacy
дело в том, что - the fact is that
денег *(gen)* - money
день - day
день рождения - birthday
деньги - money
дерева *(gen)* - tree; на дереве *(prep)*; к дереву *(dat)*
деревне *(prep)* - village
держи *(imp)* - hold; держит - holds; держу - I hold
десятом *(prep)* - tenth
десять - ten
детей *(acc)* - children
детский сад - kindergarten
детям *(dat)* - children
диване *(prep)* - couch
дикость - (something) uncivilized
директор - director, chief manager;
директора *(gen)*
дискутируют - (they) discuss
диспетчеры - dispatchers

диспут - dispute
дисциплинированный - disciplined
длинное - long
длинную *(acc)* - long
длинные - long
длину *(prep)* - length
для - for
дней *(gen)* - days
днём *(inst)* - day
дня *(gen)* - day
днях *(prep)* - days
до - till
добегает до - runs up to
добрая - kind
доброе - good
добрый - kind
довезти - to take somewhere by transport
доволен - glad
довольно - contentedly
доехать - get
дойдёте - (you) will come to
доказывают - (they) prove
доктор - doctor; доктора *(gen)*; доктору *(dat)*
документы - documents
долгих *(gen)* - long
долго - a long time
должен - should, must; должны *(plr)*
должна - must, should
долларов *(gen)* - dollars
дом - house
дома - at home; в домике *(prep)* - in the house
домашние - home
домашними *(adj inst plr)* - home
доме *(prep)* - home
домой - (go) home
домом *(prep)* - house
дому *(dat)* - house
допёкся - finished baking
дорога - way; дороге *(prep)*; дорогу *(acc)*
дорогая/дорогое - expensive; дорогую *(fem acc)*; дорогим *(masc inst)*; дорогих *(plr gen)*
дороги *(gen)* - way
дорогие - valuable
дорогой - dear
доставала/достала - took out; достаёт - takes out

доставке *(prep)* - delivery
достать - to reach, to touch
достопримечательности - sights
доходит - arrives (on foot)
дочери *(dat)* - daughter
дочь - daughter
друг - friend
друга *(gen)* - friend
другие - other; другого *(sng gen)* - another
другим *(dat plr)* - other; других *(gen plr)*
другими *(inst plr)* - other
другое - another
другой - another
другом *(inst)* - friend
другому *(dat)* - another
другую *(acc)* - another
дружат - are friends
дружок - buddy
друзья - friends; много друзей *(acc plr)* - a lot of friends
друзьям *(dat)* - friends
друзьями *(inst)* - friends
думает - thinks
думала - thought
думали - thought
думать - to think
думаю - (I) think
дух - spirit
духовке *(prep)* - oven
духовки *(gen)* - oven; духовку *(acc)*
душа - soul
дыму *(prep)* - smoke
дышит - breathes
дяде *(dat)* - uncle; дяди *(gen)*
дядей *(inst)* - uncle
дядя - mister
его *(gen)* - his
едет/ездит - goes (by transport); ехать - to go (by transport)
еду *(acc)* - food
едут - go (by transport)
еды *(gen)* - food
едят - (they) eat
её - her
ездят - go (by transport)
езжай *(imp)* - go
ей *(dat)* - to her
ему - him

если - if
есть - have; there is
ехал - drove, went (by transport)
ею *(inst)* - her
жалко - be sorry, regret
жаль - pity
жарить - to fry
жгут - tourniquet
ждать - to wait
ждёт - waits
ждут - (they) wait
же - *interjection*
желаю - wish
жёлтых *(gen plr)* - yellow
жена - wife; жене *(dat)*; женой *(inst)*
женились - got married
жениться - get married
женщина - woman; женщину *(acc)*; женщины *(gen)*
живая - alive
живёт - lives
живёшь - (you) live
животными *(inst plr)* - animals
животных *(acc)* - animals
живут - (they) live
жизни *(gen)* - life
жил - stayed, lived
журнал - magazine
журналистики *(gen)* - journalism
журналы - magazines
за - behind
за рулём - driving
забегают - run (into, onto)
заберёт - will take
забирает - takes away
заблудиться - to get lost
забор - fence; забора *(gen)*
заборе *(prep)* - fence; забором *(inst)*
заботишься - (you) care
забрать - to take
забрызгана - is splattered
забудьте *(imp)* - forget
забывает - forgets
забыл - forgot
забыла - forgot
заверну - (I) will pack/wrap; завернуть - to wrap/pack; заворачивает - packs/wraps
заводит - starts up

завтра - tomorrow
загорать - to sunbathe
задаёт - gives (work)
задали – was given
задание - assignment, task
задания - tasks, assignments
задаче *(prep)* - assignment; задачи *(gen)*; задачу *(acc)*
задержать - to detain
задумчиво - thoughtfully
задумывается - thinks
заеду - I'll come (by transport)
зажаренное - fried
зажарить - to fry; зажарила/зажарили - fried
зайдёт - will come; зайти - to come, to drop in
заказу *(dat)* - order, booking
заканчивает - finishes
заканчивается - comes to the end
закон - law; законов *(plr gen)*
закончить - to finish
законы - laws
закрывает - closes
закрывается - closes; закрываются - close
закрыть - to turn off, to close
зал - room; зала *(gen)*; зале *(prep)*
залезает - climbs
замёрз - cold
заместитель директора - deputy director
замечает - notices
замечу - (I) will notice
замок - lock
замуж - marry
замыкают - (they) lock
занимает - takes
заниматься - do
занимают - (they) take
занятие - lesson
занятий *(gen)* - lessons
заняты - are busy
заняться - do
запах - smell
запечатывает - seals
записку *(acc)* - note
запись - message
зарплату *(acc)* - salary
зарядить - charge
заслуживает - deserves

заставить - to make, to force
засыпает - falls asleep
засыпать - to fall asleep
затем - then
захвати *(imp)* - take with you
заходит - comes (into)
заходят - (they) come
захочет - will want
зачем - why
звать - to call; зовёт - calls
зверька *(acc)* - animal
звонили - called
звонит - calls, rings
звонком *(inst)* - call
звонок - a ring
звонят - (they) phone
звучит - sounds
зданий *(gen)* - buildings
здания *(gen)* - building
здесь - here
здоров - healthy
здорова - is healthy
здоровается - greets
здорово - great
здравствуйте - hello
здравый - reasonable
Зевс - Zeus
зеркало - mirror; зеркале *(prep)*
злая - angry
знаем - (we) know
знает - knows
знаете - you know
знакомит - introduces; знакомится - gets acquainted
знакомиться - to learn about, to meet smb
знакомый - acquaintance; знакомого *(gen)*; знакомому *(dat)*; знакомым *(inst)*
знакомься *(imp)* - meet
знал - knew; знают - they know
знаниями *(inst plr)* - knowledge
знать - to know
значит - then, it means
знаю - (I) know
зная - knowing
зовут - (they) call
золотыми *(inst)* - golden; золотых *(acc)*
зоомагазин - pet shop; зоомагазина *(gen)*
зоомагазине *(prep)* - pet shop

зуб - tooth
и - and
иврит - Hebrew; иврите *(prep)*
игр *(gen plr)* - playing
играет - plays; играть - to play
играла - played
играют - (they) play
игру *(acc)* - game
игрушечной *(adj prep)* - toy
игрушки - toys
идём - (we) go; идут - (they) go
идёт - goes
идея - idea
иди *(imp)* - go
идите *(imp)* - go; идти - to go
из - out of
из того же - from the same
из угла *(gen)* - from the corner; в углу *(prep)* - in the corner
известный - famous
известных *(gen plr)* - famous
извини - I'm sorry
извинившись – having apologized
извините - excuse me, I am sorry
извиняется - apologizes
извинялся - apologized
изменился - changed
изо всех сил стараться - try one's best
Израиль - Israel
изучают - (they) study
или - or
им *(dat)* - them
имеет - has
имена - names; имя - a name
имени *(prep sng)* - name
именно - exactly
иметь - to have
иметь в виду - to mean; имеешь в виду - you mean
имя - name
иногда - sometimes
интересно - to wonder
интересную *(acc)* - interesting
интересные - interesting
интересный - interesting
интересных *(gen plr)* - interesting
интересуется - is interested
интересы - interests

Интернете *(prep)* - Internet
искал - looked for
искать - look for
искусство - art; искусства *(gen)*; искусстве *(prep)*
испанский - Spanish
испечь - to bake
испортить - to spoil
исправить - to fix; исправляет - fixes
испуганно - frightened
испытательный - probation
истории - stories
историю *(acc)* - story
история - story
их - their
июля *(gen)* - July
к - to
к сожалению - unfortunately
к счастью *(dat)* - luckily
к тому же - moreover
кабина *(prep)* - passenger compartment; в кабине *(prep)* - in the passenger compartment
кабинет - room
кабинете *(prep)* - classroom
каждая - every
каждого *(gen)* - each
каждой *(dat)* - each; каждую *(acc)*
каждые - every
каждый - every, each
каждым *(inst)* - every
кажется - it seems
как - how
какая - what
какого-нибудь *(acc)* - some, any
какое - what
какое-нибудь - some, a
какое-то - some, a
какой - what
какой-нибудь - some, any, a
какой-то - a, some
как-то - once
какую - which
каникулах *(prep)* - vacation
капризная - capricious
картина - picture; картине *(prep)*; картину *(acc)*; картины *(gen)*
кассе *(prep)* - cash register
кафе - café

качает - shakes
квартирах *(prep)* - apartments
квартиру *(acc)* - apartment
кейс - briefcase
кем *(ins)* - someone
кивает - nods
Киеве *(prep)* - Kiev
килограмм - kilogram
кино - cinema; кинозал - cinema hall
кис-кис - kitty kitty
кладёт - puts
кладут - (they) put
класса *(gen)* - classroom
классно - great
классным *(ins)* - top-notch
клей - glue; клеем *(ins)*; клея *(gen)*
клетка - cage
клетках *(plr prep)* - cages; клетке *(sng prep)*
клетки *(gen)* - cage; клетку *(acc)*
клиент - client; клиента *(acc)*
клиентом *(ins)* - client
кличку *(acc)* - nickname
клумба - flowerbed; клумбу *(acc)*
книг *(gen)* - books
книги - books
ко - to
ковёр - carpet
когда - when
кожи *(gen)* - leather
колбасы *(gen)* - sausage
колёса - wheels; без колёс *(gen)* - without wheels
колесо - wheel; колеса *(gen)*; колесе *(prep)*
коллегам *(dat)* - colleagues
колледж - college
колледжа *(gen)* - college
колледже *(prep)* - college
комнате *(prep)* - room
комнату *(acc)* - room
комнаты *(gen)* - room
компания - company; компании *(prep)*
компетентное - competent
комплимент - compliment; два комплимента *(gen plr)* - two compliments; несколько комплиментов *(gen plr)* - some compliments
компьютер - computer
компьютерную *(adj acc)* - computer

конверт - envelope; конверте *(prep)*; конверты
конец - end
конечно - of course
контрасте *(gen)* - contrast
контролирующая - supervising
контрольную - test; контрольных *(plr gen)*
контрольные - test
конфету - candy
конца *(gen)* - end
корзины - baskets
кот - cat; коту *(dat)*
кота *(gen)* - cat; коте *(prep)*; котом *(ins)*
котёнок - kitten; котёнка *(gen)*; котёнком *(ins)*
которая *(fem)* - that, who, which; которой *(prep)*; которую *(acc)*
которые *(pl)* - that, who, which; которых *(pl gen)*
который *(masc)* - that, who, which; котором *(prep)*; которым *(ins)*
кофе - coffee
кошка - cat; кошкой *(ins)*; кошку *(acc)*
кошки - cats; кошек *(acc)*; кошками *(ins)*
кран - faucet
красив *(short form)* - handsome
красива *(short form)* - beautiful; красиво - beautifully
красивая - pretty
красивую *(acc)* - fine
краснея - blushing
красной *(ins)* - red
красный - red; красном *(prep)*
красоту *(acc)* - beauty
кремом *(ins)* - cream
крепко - tight
крепкую - strong
кресле *(prep)* - armchair
крестится - crosses oneself
кричать - to shout
кричит - cries
кроватке *(prep)* - bed
кровать - bed
крокодил - crocodile
кроме того - besides
кругом - around
крыс *(acc plr)* - rats; крысами *(ins plr)*
крышку *(acc)* - lid

крышу *(acc)* - top, roof
кто - who
кто-то - somebody
куда - where to
куда-то - somewhere
куклу *(acc)* - doll; куклы *(gen)*
кулинарка - cook
кулинарный - culinary; кулинарного *(gen)*; кулинарным *(inst)*
кулинаром *(inst)* - cook
купальник - swimsuit; купаться - to swim
купила - bought
купить - buy
курица - chicken; курицей *(inst)*; курицу *(acc)*
курсы - courses
курьера *(acc)* - courier
кусает - bites
кусачая - biting
кухне *(prep)* - kitchen
кухню *(acc)* - kitchen
кухня - kitchen; кухни *(gen)*
кухнями *(inst plr)* - cuisines
кухонных *(adj plr gen)* - kitchen
кушать - to eat
ладно - all right
лаем *(inst)* - barking; лаять - to bark
лает - barks; лаяла - barked
лапками *(inst)* - legs
лапой *(ins)* - paw
лёгкий - easy; легко - easily
легче - easier
лежала - lied
лежит - lies; ложится - lies down
лекции - lectures
лекций *(gen)* - lectures
ленивый - lazy
лес - forest
лестнице *(prep)* - stairs
лет *(gen)* - years
летит - flies
летом - in the summer
лечит - treats
ли - wether, if
либо - or
лист - sheet of paper
листают - (they) flip
листьев *(gen)* - leaves

листья - leaves
литература - literature
лифтом *(inst)* - elevator
лице *(prep)* - face
лицо - face; лица *(gen)*
лицом *(inst)* - face
лично - in person
ловит - catches
ловить - to catch
ловят - catch
ломаном *(prep)* - poor (about a language)
ломают - (they) break
лучше - better
лучшего *(masc gen)* - better; лучшей *(fem gen)*
лучшее - best
лучший - best
льстишь - (you) flatter
любви *(prep)* - love
любимый - favorite
любимых *(plr gen)* - favorite
любит - likes, loves
любителей *(gen)* - fans
любовное *(adj)* - love
любопытством *(inst)* - interest, curiosity
любую *(acc)* - random, any
любят - (they) like
людей *(gen)* - human, people's
магазин - store
магазина *(gen)* - shop
магазине *(prep)* - shop
мадам - madam
мажет - greases
маленькая - little; маленьких *(acc plr)*
маленькие *(plr)* - little
маленький - small
маленькой *(prep)* - little
маленькую *(acc)* - little
мало - little
мальчиком *(inst)* - boy
мама - mom
маме *(dat)* - mother; мамы *(gen)*
мамой *(inst)* - mom; маму *(acc)*
маски - masks
машин *(gen)* - cars
машина - car; машине *(prep)*; машину *(acc)*; машины *(gen)*
машиной *(inst)* - car

мгновение - moment
медицинский - medical
медленно - slowly
мелкий - fine
меню - menu
меня - me; мне - to me
менять - to change
места - places; места (gen) - place
месте (prep) - place
местные (plr) - local
местный - local; местного (gen)
место - place
местью (inst) - revenge
месяц - month
металлическую (acc) - metal
метра (gen) - meters
метро - subway
мечтает - dreams
миллионы - millions
милых (gen) - fine
мимо - past
минут (gen) - minutes
минуту (acc) - minute; минуты - minutes
младшей (dat) - younger
мнение - opinion
много - a lot
множество - a lot
мной (inst) - me
мобильный - mobile
могла - could
могу - I can
могут - (they) can
моё - my
моей (fem prep) - my
моём (masc prep) - my
моет - washes, cleans
можем - (we) can
может - maybe; (he) can
можешь - (you) can
можно - can
мои - my
мой - my; моим (inst)
молись (imp) - pray
молодую (acc fem) - young
молча - silently, in silence
молчит - silent
молчишь - (you are) silent
момент - moment

море - sea; морю (dat); моря (gen)
мотор - engine
мою (fem acc) - my
моя - my
мудрое - wise
муж - husband; мужем (inst); мужу (dat)
мужчина - man
музей - museum
музыка - music
мурлычет - purrs
мусор - garbage
мусорный - trash; мусорному (dat); мусорным (inst)
мы - we
мысль - thought
мыслями (inst) - thoughts
мышей (acc) - mice
мышки (sng gen) - mouse
мяукает - meows
мячом (inst) - ball
на - on
на голове (prep) - on the head
на продажу (acc) - to sell
на стекле (prep) - on the glass
на улице (prep) - outside
на улицу (acc) - outside
на ходу - on the go
на цыпочки - on tiptoe
набирает - dials
наблюдает - watches
наверно - probably
наверняка - for sure
навстречу - towards
наглости - impudence
над - over
надеется - hopes
надет - is being worn
надеюсь - I hope
надо - need, should
надпись - notice
надписью (inst) - inscription
нажимает - presses
назад - ago; back
названием (inst) - name
называет - calls
называется - is called
называют - they name
найдём - (we) will find

найти - to find
накалывает - stabs
наклонив - having tilted
наклоняется - bends over
наконец - finally
нам *(dat)* - us
намного - much
наносит - pays (a visit)
нанять - to hire
написал - wrote
написали - wrote
написание - writing; написанное - written
написать - to write
напоминаете - (you) remind
направо - to the right
нарезанных *(gen)* - cut (Past Participle)
нарушать - break
нас - us
наслаждайся *(imp)* - enjoy
настоящий - true, real
настоящим *(inst)* - real
настроение - mood
наступали - stepped
насчёт - about
натягивает - pulls over
натягивается - stretches; натягивался - stretched
нахмуренным *(inst)* - frown
находит - finds
находится - is (located)
национальное - national; национальности *(prep)* - nationality
начале *(prep)* - beginning
начальника *(acc)* - chief
начинает - starts
начинается - begins
начинают - (they) start
наша - our
нашёл - found
нашем - our
нашему *(dat)* - our
наши *(plr)* - our; наших *(acc)*
нашла - found
не - not; не сводит глаза - does not look away
небольшой - small
небольшую *(acc)* - not big
невероятно - incredibly

невозмутимым *(inst)* - calm
него *(acc)* - him
негодяя *(acc)* - scoundrel
недавно - not long ago
недалеко - not far
неделю *(acc)* - week
недовольно - discontentedly
недолго - not long
недоработка - defect; недоработки - defects; недоработку *(acc)*
недостаточно - is not enough
неё *(gen)* - her
нежно - gently, tender
ней *(inst)* - her
неизвестно - is not clear
некому *(dat)* - nobody
некоторых - some
неловкая - strain, awkward
нельзя - one cannot
нём *(masc prep)* - it
немного - a little
немножко / немного - a little
нему *(prep)* - him
ненадолго - for a while
необходимые *(plr)* - required
необычными *(inst)* - unusual
неожиданно - suddenly
неплохо - not bad
неподходящим *(inst)* - not suitable
непонятно - do not understand
непонятном *(prep)* - unintelligible
непонятны - incomprehensible
неправильно - badly, incorrectly
неправильные - incorrect
непривычно - strangely, unusually
неприятный - unpleasant
непроверенное - unchecked
непросто - not simple/easy
непрочности *(fem gen)* - frailness
неравнодушна - not indifferent
нервничать - to get nervous
нерешительно - hesitantly
несёт - carries (in hands)
несколько - several, some
неспокойный - restless
несут - (they) carry
неся - carrying
нет - no

113

неумело - poorly
нечем *(inst)* - anything
ни - single
нигде - nowhere
ниже - lower
нижнем - lower
низкие - low
низкую *(acc)* - low
никаких *(gen)* - no (any)
никакого *(gen)* - no
никогда - never
никого *(gen)* - nobody
никто - nobody
ним *(inst)* - him
ними *(inst)* - them
нисколько - not
ниткой *(inst)* - thread
них *(gen)* - them
ничего - nothing
но - but
новая - new
новогодняя ёлка - Christmas tree;
новогоднюю ёлку *(acc)*
новой *(inst)* - new
новости / новость - news
новые *(plr)* - new; новых *(acc)*
нога - leg; ногу *(acc)*
ножницы - scissors
номер - issue (of a newspaper)
номера - numbers; номеров *(plr gen)*;
номером *(sng inst)*
ноутбук - laptop
ночь - night; ночи *(gen sng)*
нравится - like
нравятся - like
ну - well
нужен - need
нужна - need
нужно - need
няне *(dat)* - to a nanny; няней *(inst)*
няню *(acc)* - nanny
няня - nanny
о - about
об - about
обаятельная - charming
обгоняет - overtakes
обегает - runs around
обед - lunch

обеда *(gen)* - lunch
обедать - to have lunch
обедом *(inst)* - lunch
обидно - it hurts
обижай *(imp)* - hurt
облаять - to bark
обманешь - (you) will cheat
обморок - faint
обнаруживает - finds out
обнимает - hugs
оборачивается - turns around
обрадовать - to please
образцы - samples
обратно - back
обращается - addresses
обращайтесь *(imp)* - come, turn to
обращают внимание - pay attention
обращаются - talk to
обращая - paying
обрывается - breaks
обстановку *(acc)* - environment
обстоятельства - circumstances
обуви *(gen)* - shoes
обходит - walks around
общаются - (they) chat
общее - (in) common
общежитии *(prep)* - dorms
общие - common
объяснений - explanation
объясняет - explains
обычаями *(inst)* - customs
обычно - usually
обычный - ordinary
обязательно - certainly, necessarily
овощами *(inst)* - vegetables
овощей *(gen)* - vegetables
овощи - vegetables
оглядывается - looks around
огромная - huge
огромную *(acc)* - huge
огромный - huge
одежды *(gen)* - clothes
один раз - once
одинаковых *(gen plr)* - same
одна - alone
однажды - once

одни - some of them; Одни плачут, а другие смеются. - Some of them cry, and some of them laugh.
одно - one; одной *(fem prep)*
одноклассник - schoolmate
одном *(prep)* - one
одну *(acc)* - one
оживить - to revive
ожидали - expected
ой - oh
оказывается - it turns out
окна *(gen)* - window
окно - window
окном *(inst)* - window
омлет - omelette
он - he
она - she
они - they
оно - it
о-о - o-oh
опаздывает - is late
опасный - dangerous
Опель - Opel
опишите *(imp)* - describe
оплачивают - (they) pay
опускается - bows, goes low
опять - again
организация - organization
осени *(gen)* - autumn
осенью - in autumn
осмысленных *(gen)* - sensible
особенно - especially
оставила - left; оставляет - leaves
остаётся - stays
остальные - other
останавливает - stops
останавливается - stops
остановиться - to stop
остановке *(prep)* - (bus) stop
остаться - to stay
остаются - remain
осторожно - cautiously, carefully
осторожный - careful
остывает - is getting cold
от - from
от неожиданности *(gen)* - from surprise
отбрасывает - throws back
отвезти - to take by transport

ответ - answer
ответить - to answer
ответственное - important
ответы - answers
отвечает - answers
отвозит - takes (by transport)
отворачиваются - turn away
отгадать - to guess
отгоняет - chases away
отдаёт - gives
отдал - gave away
отдать - to give away
отделён - is separated
отделения *(gen)* - compartment
отдыхает - has a rest
отдыхать - to have a rest
отдыхают - have a rest
отель - hotel; отеля *(gen)*
отец - father; отца *(gen)*; отцу *(dat)*
отказывается - refuses
откройте *(imp)* - open
открывает - opens
открывается - opens
открыли - opened
открытки - postcards
открытые *(adj)* - open; открыть - to open
открытым *(inst)* - open
откуда - where from
отличная - excellent
отлично - excellent
отличный - excellent
относятся - (they) treat
отношение - attitude; по отношению к кому-то - towards somebody
отправлять - to send
отправляющегося *(gen)* - departing
отпустить - let go
отреагировать - to react
отряхивается – shakes himself off
отсюда - from here
оттуда - off there
отходит - walks away
отчаянии *(prep)* - despair
отъезжает - drives off
офис - office; офиса *(gen)*
официант - waiter
охраняет - watches; охранять - to watch
охранял - guarded

оценка - grade
оценки - marks
оценку *(acc)* - mark
очарован - fascinated
очаровательная - charming
очень - very
очереди *(gen sng)* - Line
очередь - line
ошейник - collar; к ошейнику *(dat)* - to the collar
ошибку *(acc)* - mistake
падает - falls down
падать - to fall down; падают - fall down
пакет - packet
палача - executioner's
пальцем *(inst)* - finger
папа - dad
папе *(dat)* - to a father; папы *(gen)*
папой *(inst)* - dad
парень - guy
парк - park
парке *(prep)* - park
паркует - parks
парни - boys
парте *(prep)* - desk
пару *(acc)* - a couple, a few
пауза - pause
пахнет - smells
пачку - pack
пейзаж - landscape
первая - first
первой *(prep)* - first
первый - first
перебивает - interrupts
перевести - translate
перевода *(gen)* - translation
переглядываются - exchange glances
перед - in front of
передам - (I) will tell
переживает - worries
перезванивают - call again
перекладывайте *(imp)* - move; переложила / переложили - moved
перекрёстка *(prep)* - intersection
перекусить - to have a snack
перепутал - mixed up
перроне *(prep)* - platform
пёс - dog; пса *(gen)*

пешком - on foot
пикник - picnic
писал - post
писатель - writer
письмо - letter; письме *(prep)*
питья *(gen)* - drinking
пишет - writes
пишут - (they) write
плакать - cry
планшете *(prep)* - acquaintance's tablet
пластиковую *(fem adj acc)* - plastic;
пластиковых *(plr adj gen)*
плоды - fruit
плохая - bad
плохо - badly
по - over, in
по сторонам - around
по-английски - in English
поблагодари *(imp)* - thank
повар - cook, chef
повезло - it must be lucky
поверить - to believe
поверните *(imp)* - turn
поводке *(prep)* - leash
поворачивает - turns
повторяет - repeats
поглядывает - glances
поговорить - to talk, to speak
погода - weather
погуляем - (we) will take a walk
погулять - to take a walk
подальше - farther
подарить - to give as a gift
подарки - gifts; подарок - gift
подарков *(gen)* - presents
подбегает - runs up; подбегают к - run up to
поддерживает - supports
поднимает трубку - answers the call
поднимается - gets up
поднимают - (they) pick up
поднять настроение - to improve one's mood
подожди *(imp)* - wait
подойдите *(imp)* - come up
подписывает - writes, inscribes
подработать - to work part time
подробно - in detail
подруга - female friend; подруге - to/about a female friend

116

по-другому - in different way
подсказать - to give a hint
подтвердила - confirmed
подумал/подумала - thought
подходит к - comes to
подходят - (they) approach
подходящий - suitable
подъезжает - drives up
подъезжают - (they) arrive
поеду - (I) will go (by transport)
поезд - train; поезде (prep)
поесть - to eat
поехали - went
поехать - to go
пожалуйста - you are welcome, please
пожар - fire; пожара (gen); пожаре (prep)
пожарная - fire
поживаешь - are
пожилая - elderly
пожилой - elderly
позвонить - to call
поздно - late
поиграть - option
пойдём - let's go; пойти - to go
пока - bye
показаны - are shown
показывает - shows
покой - peace
покупает - buys
покупать - to buy
покупки - purchases
покушать - to eat
пол - floor
полдень - noon
ползти - to crawl
полицейский - policeman; полицейского (acc)
полицейских (gen) - policemen
полностью - whole, everything
половина - half; половина четвёртого - half four
положила - put
полотенце - towel
получает - gets
получается - turns out well
получат - (they) will get
получать - to get, to earn
получил - got

получила - received
получилось - it turned out well
получить - to get
полчаса - half an hour
пользуется - uses
пользуюсь - (I) use
полюбила - fell in love
помещается - fits
помни (imp) - remember
помнит - remembers
помню - I remember
помог - helped
помогает - helps
помочь - to help
помощь - help
понимает - understands
понимаете - (you) understand; понять - to understand
понимаешь - (you) understand
понимаю - I see/understand
понимают - understand
понимая - realize
понравилась - liked
понравится - will like
понял - understood
понятно - it is clear
попала - got (somewhere)
попить - to drink a little
попробовал - tried
попробовать - to taste
попросил - asked
пора - it is time
порвал - tore apart
пороге (prep) - threshold
портишь - (you) spoil
порядке (prep) - all right
посадить - to put (for animate)
посередине - in the middle
посетить - to visit; посещает - visits
поскорее - as soon as possible
после - after
последнее время - lately
последнюю (acc) - the last
послушная - obedient
послушный - obedient
посмотреть - to look; посмотрю - I will see
посмотри (imp) - look
посоветовала - advised

поспать - to sleep
поставил - installed; поставлю - I'll install
поставили оценку - gave a mark
постоянно - always
поступать - to apply, to enter
потери (gen) - loss
потолка (gen) - ceiling
потолок - ceiling
потом - then
потому что - because
потоп - flood
потушить - to put out
похоже - it looks like
похожи - are similar
похолодел - felt a chill
почему - why
почти - almost
почувствовать - to feel
пошли - went
пошутил - played a joke
поэзией (inst) - poetry; поэзии (gen); поэзию (acc)
поэтические - poetry
поэтому - so
поют - (they) sing
появился - appeared
появляется - appears
появляются - (they) appear
прав - (is) right
права - right
правда - true
правду (acc) - truth
правила - rules
правильно - correctly
правильное/правильный - right
правоведение - jurisprudence;
правоведению (dat); правоведения (gen)
правоту (acc) - rightness
правы (sng polite) - right
праздник - celebration; праздники - celebrations
праздничное - festive
практически - almost
превосходная - excellent
предлагает - offers, suggests
предложения - sentences
предложить - to offer
предмет - subject

предметов (gen) - subjects
предполагает - supposes
предположение - guess
предупредить - to warn
прежде - before
прежних (gen plr) - former
прекрасно - perfectly
прекрасной (gen) - beautiful
премировать - to give a bonus
преодолевает - overcomes
преподаватели - teachers; преподаватель - teacher; преподавателю (dat)
преподаёт - teaches
при - at
прибывает - arrives
привет - hi
прививки - vaccinations
привяжу - (I) will tie; привязывал - tied;
привязан - is tied
привязать / привязывать - to tie; привязал (past) - tied; привязана (past part) - tied
привязывает - ties
приглашает - invites
приготовила - cooked; приготовить - to cook
придержал - held back; придерживает - holds back
придёт - will come; прийти - to come (on foot)
придётся - must, will have to
приду - (I) will come
придумать - to think out
приедет - will come; приехали - came
приеду - (I) will come
приезда (gen) - arrival
приезду (dat) - arrival, coming
приезжает - comes by transport
приезжают - (they) arrive (by transport)
приехала - came (by transport)
приехать - to come (by transport)
признаёт - admits
признание - confession
признаюсь - (I) will admit
приключения - adventures
приключенческие / приключенческий - action, adventure
прикрепил - attached; прикреплен - is attached

118

прилечь - lie down
примерно - about
принадлежит - belongs
приносила - brought
приносит - brings
приоткрыта - ajar
приснилось - dreamed
приходит - comes on foot
приходят - they come (on foot)
пришла - came (on foot); пришли *(plr)*
приятно - nicely
про - about
проблема - problem
проведу - (I) will accompany
проверить - to check
провести - carry out
проводит время - spends time
проводить (время) - to spend (time)
проводят - (they) spend
прогулки *(gen)* - a walk
продавец - salesman
продавца *(acc)* - salesman
продавцу *(dat)* - to a salesman
продавщица - saleswoman
продавщице - saleswoman
продавщицу - saleswoman
продаёт - sells; продать - to sell
продаются - sold
продолжает - continues
продолжается - lasts
продолжалось - continued
продуктов *(gen)* - food
проезжает - drives past/to
произведение - work; произведения *(gen)*; произведениями *(inst plr)*
произвести - create, manufacture;
произвести впечатление - to impress
произойти - to happen
произошла - happened
произошло - happened; Что происходит? - What is going on?
пройти - to go, to pass
пройтись - to take a walk
просит - asks
прославился - became famous
простите - excuse me
просто - just
простят – will be forgiven

просыпается - wakes up
просят - (they) ask
против - against
протягивает - holds out
профессор - professor; профессора *(gen)*; профессору *(dat)*
профиль, профиля *(gen)* - account
проходит - goes on
проходят - they pass
прочитала - read *(past)*
прочитать - to read
прошли - passed
прыгает - jumps
прямо - right
птиц *(acc)* - birds
птицы - birds
пусть - let
путают - (they) mix up
путешествовать - to travel
пыль - dust
пытается - tries
пышные - magnificent
пьёт - drinks
пятая - fifth; пятую *(acc)*
пяти *(gen)* - five
пятнадцать - fifteen
пятницу *(acc)* - Friday
пять - five
работ *(gen plr)* - works
работа - work; работах *(plr prep)*
работает - works
работаю - (I) work
работе *(prep)* - work
работника *(gen)* - worker
работу *(acc)* - work
работы *(gen)* - work
равно - still
рад - is glad
рада *(fem)* - glad
радио - radio
радостная - joyful
радостно - merrily
радостью *(inst)* - pleasure
радуется - is happy
рады - (are) glad
раз - (one) time
разве - really *(in questions)*
разговаривает - speaks

119

разговаривал - was talking/talked
разговаривают - talk
разговор - conversation
раздаёт - hands out
раздаётся - sounds
разделяет - divides
различные - various
размера *(gen)* - size
разноцветные - colorful
разные - different
разных *(gen)* - different
разрезает - cuts apart
разрешит - will resolve
рано - early
раньше - earlier
располагается - settles down
рассвете *(prep)* - daybreak
рассказать - to tell
рассказывает - tells
расслышать - to hear distinctly, to catch
рассматривает - examines
рассмотреть - to look at smth carefully
расстраивайтесь *(imp)* - get upset
расстроен - upset
рассудок - thinking, judgment, mind
растерян - is confused
растерянно - in embarrassment
растерянности *(prep)* - confusion
растёт - grows
растут - grow
рвал - tore
рвётся - rips apart
ребёнка *(gen)* - child; с ребёнком *(inst)* - with the child
ребёнок - child
редко - rarely
редкую *(acc)* - rare
резиновый - rubber
резко - harshly
рейс - flight
рекомендует - recommends
ремонте *(prep)* - repair(s)
ресторан - restaurant; ресторана *(gen)*
рецепт - recipe; рецепте *(prep)*; рецепту *(dat)*
речку *(acc)* - river
решает - decides
решают - (they) decide

решение - solution
решил - decided
решила - decided
рисковать - take a risk
рисовать - to paint
робко - shyly
ровно - exactly
родители - parents
родителям *(dat)* - parents
родном - home, native
родственникам *(dat)* - relatives
родственнике *(prep)* - relative
рождество - Christmas; рождеству *(dat)*
розетки; розетку *(acc)* - socket
романтичной *(gen)* - romantic
роняет - drops
рот - mouth; ртом *(inst)*
ругать - to scold
руках *(plr prep)* - hands
руке *(prep)* - hand
руки - hands
рукой *(inst)* - hand; руку *(acc)*
рыбками *(plr inst)* - fish; рыбках *(plr prep)*
рыбки *(plr)* - fish; рыбок *(acc)*
рыбу *(acc)* - fish
рынка *(gen)* - people's market
рычанием *(inst)* - growl
рычит - growls
рядом - near, close
с - with
с опаской *(inst)* - with caution
с трудом - with difficulty
сад - garden; в саду *(prep)* - in the garden
садитесь *(imp)* - sit down
садится - sits down
садятся - (they) sit down
сам - myself, himself etc, *reflexive form of sing. pers. pronouns*
сама - herself
сами - ourselves, youselves, themselves
самое - the most
самолёт - plane
самом *(prep)* - most
самую *(acc)* - most
самые *(plr)* - most
самый - most
самых *(gen)* - most
сантиметров *(gen)* - centimeters

свежий - last (about a newspaper or magazine)
свернёте - (you) will turn
светит - shines
свисают - (they) hang down
свободное - free
свободны - free
своё *(acc)*, своих *(prep)* - *reflexive form of pers. possess. pronouns*
своего *(masc acc)* - *reflexive form of all pers. possess. pronouns*; своём *(masc prep)*; своими *(plr inst)*; свою *(fem gen)*
своей *(sing dat)* - *reflexive form of pers. possess. pronouns*
своему *(dat)* - *to his (reflexive pronoun)*
свой - *his (reflexive pronoun)*
свои *(pl)* - *reflexive possess. pronoun*
своим *(dat)* - *reflexive form of pers. possess. pronoun*
связь - connection
святой - saint; святому *(dat)*
сгорает - burns down
сдать - hand over; сдать экзамен - to take an exam
сделали - did
сделанной *(gen)* - made
сделанных *(gen)* - made
сделать - to finish, to make
сделать предложение - ask smb. to marry
сделаю - (I) will do
себе *(dat)* - *reflexive pronoun*
себя *(gen)* - *reflexive form of pers. pronouns*
севере *(prep)* - North
сегодня - today
сегодняшний - today's
сейчас - right now
секретарём *(inst)* - secretary
секунд *(acc)* - seconds
семейные - family
семьдесят - seventy
семьи *(gen)* - family; семью *(acc)*
сервис - service
сердит(ый) - is angry
сердита(я) - angry; сердится - get angry
сердито - angrily
середина - middle
серьёзно - seriously
серьёзное - serious

сестра - sister
сестре *(dat)* - sister
сестричка - sis
сестрой *(inst)* - sister
сзади - behind
сигарету *(acc)* - cigarette
сидел - was sitting; сидит - is sitting
сиденье - seat
сидеть - to sit
сидят - sit
сильно - very
сильный - strong
символ - symbol
ситуацию *(acc)* - situation
ситуация - situation
скажите *(imp)* - tell, say
сказал - said
сказала - said
сказали - told, said
сказать - to say
скамейку *(acc)* - bench
складывает - puts together
склеивания *(gen)* - gluing
сколько - how much, how many
скоро - soon
скоростью *(inst)* - speed
скромным - modest
скульптуру *(acc)* - sculpture
скучает - misses, bored
сладости - sweets
слева - on the left
слегка - slightly
следом - behind
следует - follows
следующий - following, next; следующего *(gen)*
следующую *(prep)* - next
слезай *(imp)* - get down
слишком - too
слова *(gen)* - word
словил - caught
сложное - complicated
сложные - difficult
служба - service; служб *(plr gen)*; службу *(sng acc)*; службы *(sng gen)*
служить - join
случай - case, situation; в таком случае *(prep)* - in this situation/case

121

случайно - accidentally
случилось - happened
случится - will happen
слушает - listens
слышат - (they) hear
слышать - to hear
слышен - (is) heard
слышит - hears
смазать - to grease
смеётся - laughs; смеются - (they) laugh;
смеяться - to laugh
смелая *(fem)* - brave
смелое - daring, brave
сменить - to change
смешные - funny
смогу - I will be able
сможет - can
смотрел - was watching
смотреть - to see
смотри *(imp)* - look
смотрит - looks/is looking
смотрю - (I) see
смотрят - (they) look
смущенно - in confusion
смысл - meaning; смысла *(gen)*
сначала - at first
снег - snow
снимает - takes off
снова - again
снял - took off
со - with
собака - dog; собакой *(inst)*
собаки *(gen)* - dog
собираемся - (we) are going
собирает - gathers; собирать - to gather;
собирают *(plr)*
собирается - is going
собой *(gen)* - *reflexive form of pers. pronouns*
собор - cathedral
собрать - to gather
собственной *(prep)* - own
совершает - does
совершенно - absolutely
совет - advice; советует - advices
совпадает - coincides
современного *(gen)* - modern; современном *(prep)*; современные *(plr)*
современной *(gen)* - modern

совсем - just, absolutely
согласен - agreed
согласится - will agree
согласна - agreed
соглашается - agrees
содержания *(gen)* - content
сока - juice
солнце - sun
сомневаться - to doubt
сон - dream
сонный - sleepy
сообщают / сообщить - to tell
сорок - forty
сосед - neighbor
соседа *(gen)* - neighbor; соседу *(dat)*
соседи - neighbors; соседях *(prep)*
соседка - neighbor
соседнем *(prep)* - neighbouring, nearest
соседний - next
соседнюю *(acc)* - neighboring
соседский - neighboring; соседского *(gen)*; соседскому *(dat)*
сотню *(acc)* - hundred
сотрудница - employee
сохраняла - saved
сочинение - essay, composition; сочинения - essays; сочинениями *(inst)*
сочиняет - composes
спасибо - thanks
спаситель - rescuer
спасся *(masc)* - saved himself
спать - to sleep
специалистом *(inst)* - professional
специальности *(prep)* - field, profession
спешу - (I am) in hurry
списали *(plr)* - copied; списывал *(sng)* - copied
спит - sleeps
спокойно - calmly
спокойной ночи *(gen)* - good night
спокойные *(plr)* - calm
спокойный - calm
спор - dispute
способная - capable
справа - on the right
справедливость - justice
справляется - manages
спрашивает - asks

спросим - (we) will ask
спросите - (you) will ask
спрыгивает - jumps down
спускается - goes down
спуститься - to get down
сразу - immediately
средневекового (gen) - medieval
средние (plr) - middle
среду (acc) - Wednesday
срок - period
срочно - urgently
ставит - puts
ставить (оценки) - to give (marks)
стал - became
стало - got
становится - becomes
станции (gen) - station
старается - does his best
старательно - carefully
старательного (gen) - careful
старая - old
старик - old chap
старинных (gen) - ancient
старой (gen) - old
старушка - old woman; старушке (dat)
старый - old
статьях (prep) - articles
стиль - style
стихи - poems; стихами (inst)
стоит - is/stands
стол - desk; столу (dat)
стола (gen) - table; столе (prep)
столика (gen) - table
столица - capital
столом (inst) - table
стоматолога (gen) - dentist
стопки (gen) - pile; стопку (acc)
сторожем (inst) - guard
стороне (prep) - side
сторону (gen) - side
стороны (gen) - side
стоят - stand
стран (plr gen) - countries; страну (sng acc);
страны (sng gen)
странно - strange
странным (inst) - strange; странных (gen plr)
страстью (inst) - passion
страх - fear

страшно - frightening
строгий - strict
строго - strictly
строже - more strictly
строителей (gen) - builders; строительной (adj prep) - construction
строительной (prep) - building
студентам (dat) - students; студентов (gen)
студентка (fem) - student; студенты - students
студенческие - students'
стул - chair
суд - court; суде (prep)
судья - judge
сумку (acc) - bag
сумму (acc) - sum
суп - soup
супермаркет - supermarket
супермаркета (gen) - supermarket; супермаркете (prep)
сходить - to go
сцена - scene
счастлив - happy
счастливым (inst) - happy
счёт - bill; счёта (gen)
считает - considers, believes
считать - to consider
считают - believe
считаются - are considered
съездить - to go (and come back); съезжу - I will go (and come back)
съесть - to eat up; съедает - eats up
сыграет - will play
сын - son; сыном (inst)
сыра (gen) - cheese
сытый - full
сюрпризы - surprises
тайком - secretly
так - so
такая - this, such
также - also, too
таким - such
такими - the, such
таких - such, these
такого - such; в таком (prep)
такое - this
такой - such
такси - taxi

таксист - taxi driver; таксиста *(gen)*; таксисту *(dat)*
такую *(acc)* - such, this
талант - talent
там - there
Твиттере - Twitter
твоём *(prep)* - your
твои - your
твой - your
твоим *(plr inst)* - your
творчество - creative work
твоя - your
тебе - to you; ты - you
тебя *(acc)* - you
текст - print, text
телефон - telephone
телефона *(gen)* - phone number
телефоне *(prep)* - phone
Тель-Авив - Tel Aviv
тем временем - meanwhile
темно - dark
темноте *(prep)* - dark
тёмную *(acc)* - dark
темы *(g)* - of a theme
теперь - now
терпеливо - patiently
территорию *(acc)* - territory
терять - to lose
тест - test; тестовое *(adj)* - test
тесто - dough; тестом *(inst)*
тетради - notebooks; тетрадях *(prep)*
тётя - aunt; тёте *(dat)*; тётей *(inst)*; тётю *(acc)*
тихо - quietly
тишина - quiet
тобой *(prep)* - you
тогда - then
тоже - too
толкать – pushing
толстая - fat
толще - fatter
только - just
томатного *(gen)* - tomato
тонкой *(inst)* - thin
торжествует - triumphs
торт - cake; торта *(gen)*; тортик
торчащими *(inst)* - sticking out
тот - that

точно - definitely, exactly
традициями *(inst)* - traditions
трамвае *(prep)* – tram
транспорте *(prep)* - transport
требовательный - demanding; требует - demands
требуется - needed, required
тренированным *(inst)* - trained
третьем *(inst)* - third
третья - third
три - three; трёх *(gen)*
трижды - three times
тринадцать – thirteen
трубку *(acc)* - handset
трудно - difficult
трудные - difficult
ту *(acc)* - that
туда - there *(direction)*
туннель - tunnel
тут - here
тюбик - tube
тюльпаны - tulips; тюльпанами *(inst)*; тюльпанов *(gen)*
тяжёлый - heavy; тяжёлым *(inst)*
убегает - runs away
убедительно - convincing
убеждает - convinces
убили - killed
убитую *(fem acc)* - killed *(Past Participle)*
убить - to kill
уборка - cleaning
уборщица - cleaning woman; уборщице *(dat)*; уборщицей *(inst)*
уборщицы - cleaner's
убрать - to take away, to clean
уверены - (are) sure
увидеть - to see
увидимся - see each other
увлекается - is fond of
увлечённо - enthusiastically
уволены - fired; уволить - to fire, to dismiss
увольнением *(inst)* - dismissal; увольнении *(prep)*
увольняете - (you) fire, dismiss; увольнять - to fire, to dismiss
удаётся; удастся - manages
удаляет - deletes
ударяется - crashes, hits himself

124

удачи - good luck
удачно - successfully
уделяют - pay
удержать - to hold back
удивить - to surprise
удивлён - surprised
удивлена - (she is) surprised
удивления *(gen)* - amazement
удивлённо - in surprise
удивлённый - surprised
удивлены - are surprised; удивляется - is surprised
удобно - comfortably
удовольствия *(gen)* - pleasure
уехала - left
уж - *interjection*
ужас - terror
ужасная - awful
ужасно - terribly; ужасный - terrible
уже - already
ужинают - have dinner
узнайте *(imp)* - find out
узнаю - (I) will recognize
уйдёт - will leave
уйдите *(imp)* - get away
уйти - to go away
укладывает - takes to bed
украли - stole
укусила - bit
укусит - will bite
улетаю - (I) fly away
улицы - streets
улыбается - smiles
улыбались - smiled; улыбаются - smile
улыбка - smile
ума *(gen)* - intelligence
умеет - can
умное - smart
умный - smart
умывается - washes himself/herself
униформе *(prep)* - uniform
упаковке *(prep)* - package
упала - fell
упитанный - well-fed
ураган - hurricane
уровнем *(inst)* - level
урок - lesson; урока *(gen)*
успевает - is in time

успеваю - (I) have time
успокаиваются - calm down
успокойся *(imp)* - calm down; успокоить - to calm down
уставшим *(inst)* - tired
устала - (she is) tired
устанавливает - installs
устраняете - (you) eliminate
устроил шутку - played a prank
уточнили - confirmed, specified
утро - morning; по утрам *(prep)* - every morning
утром - in the morning
утюг - (flat) iron
ухаживают - (they) look after
уходила - went away
уходит - goes away
уходить - to go away
уходят - go away; ушли - went
учёбе *(dat)* - studies
учебник - textbook
учёбы *(gen)* - studying
учился - studied
учит - study
учитель - teacher; учителю *(dat)*
учится - studies
учить - study
учиться - to study
файл - file
факультете *(prep)* - department
фарфора *(gen)* - porcelain
фейерверки - fireworks
фекалии - excrements
фигуры - figures
фильм - movie; фильме *(prep)*; фильмом *(inst)*; фильмы - movies
фирме *(prep)* - firm
фирменное - specialty
фирмы *(gen)* - company
фольгу *(acc)* - foil
форма - form
форуме *(prep)* - forum; форумы - forums
фотографии - photos
фразу *(acc)* - phrase
фрукты - fruit
характер - temper
хвалит - praises
хватает - catches, grabs

125

хвост*о*м *(inst)* - tail
х*и*трая - sly
х*и*тро - slyly
хл*е*ба *(gen)* – bread
хм - hum
ход*и*ли - went
х*о*дит - goes
х*о*дят - (they) go
хожд*е*ний *(gen)* - walking
хоз*я*ева – owners
хоз*я*ин - owner
хоз*я*ина *(gen)* - owner
холод*и*льнике *(prep)* - fridge
х*о*лодно - cold
хом*я*к/хом*я*ч*о*к - hamster; много хомяк*о*в *(acc)* - a lot of hamsters
хомячк*и* - hamsters; хомячк*а* *(acc)*; хомячк*а*ми *(inst)*; хомячк*о*в *(acc)*
хор*о*шая - good; хор*о*шенько, хорош*о* - well
хор*о*шее - good
хор*о*шие - good
хор*о*ший - good
хор*о*шим *(inst)* - good
хот*е*л - wanted; х*о*чет - wants; хоч*у* - I want
хот*е*ла - wanted
хот*е*ли - wanted
хот*е*лось бы - would like
хот*и*м - (we) want
хот*и*те - (you) want
хоть - though
хот*я* - although
хот*я*т - (they) want
хр*а*брого *(acc)* – brave
худ*о*жник - artist; худ*о*жники - artists
цар*я* *(acc)* - king
цвет*у*т - (they) blossom
цвет*ы* - flowers
цел*у*ет - kisses
ц*е*лый - whole, all
центр - centre
цепь - chain; ц*е*пью *(inst)*
чай - tea
час - hour; три час*а* *(gen)* - three hours
ч*а*сто - often
час*ы* - watch, clock
ч*а*ты - chats
ч*а*шка - cup
ч*а*шку *(acc)* - cup

ча*ю* *(gen)* - tea
челов*е*к - man
челов*е*ка *(acc)* - man
челов*е*ком *(inst)* - person
челов*е*ческим *(inst)* - human
ч*е*люсти - jaws
чем - than
чём *(inst)* - what
чемод*а*н - suitcase
чемод*а*ном *(inst)* - suitcase
чемод*а*ны - suitcases; чемод*а*на *(gen plr)*
чем-то - in some way
ч*е*рез - in (some time)
чёрные - black
чёрный - black
ч*е*стно - honestly
четвёртая - fourth
чётко - distinctly
чет*ы*ре - four
чистот*а* - cleanliness
ч*и*стый - clean
чит*а*ет - reads
чит*а*л - read *(past)*
чл*е*нов *(gen)* - members
чт*е*нием *(inst)* - reading
что - what
чт*о*бы - in order to; to *(gives a reason for smth)*
чт*о*-то - something, anything
ч*у*вства - feelings; ч*у*вствах *(prep)*
ч*у*вствует - feels
ч*у*вствуешь - (you) feel
ч*у*вствую - (I) feel
чуд*е*сный - wonderful
чуж*о*е - somebody else's
чуть-чуть - a bit
шам*а*н - shaman
шв*а*брой *(inst)* - mop
шев*е*лится - moves
шед*е*вр - masterpiece
ш*е*стеро - six *(people)*
шеф-п*о*вар - chef
широк*о* - wide(ly)
шкаф*а*х *(prep)* - cabinets
шк*о*ле *(prep)* - school
шк*о*лу *(acc)* - school
шт*у*ка - thing
шум - noise

шут*и*ть - to play pranks
ш*у*тка - prank; ш*у*тку *(acc)*
ш*у*тки - jokes
ш*у*тят - (they) joke
экз*а*мен - exam
экзот*и*ческий - exotic
экр*а*н - screen
электр*о*никой *(inst)* - electronics;
электр*о*нику *(acc)*
электр*о*нной почт*е* *(prep)* - e-mail
электрошн*у*р; электрошнур*а* *(gen)*;
электрошнур*о*м *(inst)* - electric plug
эмоцион*а*льно - emotionally
эта - this
этаж*е* *(prep)* - floor
эти - these

этим *(inst)* - this
этих *(acc)* - these
это *(neut)* - it, this
этой *(gen)* - this
этому *(dat)* - it
этот *(masc)* - this; этого *(acc)*
эту *(fem acc)* - this
я - I
*я*блоки - apples
*я*блоня - apple tree; *я*блони *(gen)*
явл*я*ется - is
язык*а* *(gen)* - language
язык*е* *(prep)* - terms, language
ярко-кр*а*сные - bright red
*я*сно - is clear
*я*щичке *(prep)* - drawer

127

Англо-русский словарь

a - какое-то
a bit - чуть-чуть
a couple, a few - пару *(acc)*
a little - немножко / немного
a long time - долго
a long time ago - давно
a lot - много, множество
a ring - звонок
a walk - прогулки *(gen)*
a, some - какой-то
about - насчёт; о, об, про; примерно
absolutely - совершенно
accidentally - случайно
account - профиль, профиля *(gen)*
accurate - аккуратного *(gen)*
acquaintance - знакомый; знакомого *(gen)*; знакомому *(dat)*; знакомым *(inst)*
acquaintance's tablet - планшете *(prep)*
action, adventure - приключенческие / приключенческий
active - активная
address - адрес; адреса *(gen)*
addresses - обращается
adequate, in right mind - адекватна *(fem)*
admiring - восхищена
admits - признаёт
adventures - приключения
advice - совет; advices - советует
advised - посоветовала
after - вслед, после
again - опять, снова
against - против
ago; back - назад
agreed - согласен, согласна
agrees - соглашается
ajar - приоткрыта
alive - живая
all - все, всех *(gen)*
all right - ладно, в порядке *(prep)*
almost - почти, практически
alone - одна
already - уже
also, too - также
alternative, variant - вариант
although - хотя
always - всегда, постоянно
amazement - удивления *(gen)*

amazing - восхитительно; admires - восхищается
ancient - старинных *(gen)*
and - а, и
anger - гнев
angrily - сердито
angry - злая, сердита; is angry - сердится, сердит(ый)
animal - зверька *(acc)*
animals - животными *(inst plr)*, животных *(acc)*
another - другого *(sng gen)*, другим *(dat plr)*, другое, другой, другому *(masc dat)*, другую *(fem acc)*
answer - ответ, ответить
answers - ответы, отвечает
answers the call - поднимает трубку
any - всякий
anything - нечем *(inst)*
anyway - всё равно
apartment - квартиру *(acc)*
apartments - квартирах *(prep)*
apologized - извинялся
apologizes - извиняется
appear (they) - появляются
appeared - появился
appears - появляется
appetizing - аппетитно
apple tree - яблоня; яблони *(gen)*
apples - яблоки
apply, enter - поступать
approach (they) - подходят
aquarium - аквариум; аквариуме *(prep)*, аквариумных *(adj plr acc)*
architect - архитектором *(inst)*
are - поживаешь
are busy - заняты
are considered - считаются
are friends - дружат
are going (we) - собираемся
are shown - показаны
are similar - похожи
are surprised - удивлены; is surprised - удивляется
armchair - кресле *(prep)*
army - армии, армию *(acc)*
around - вокруг, кругом, по сторонам

128

arrival - приезда *(gen)*
arrival, coming - приезду *(dat)*
arrive (they, by transport) - приезжают, подъезжают
arrives - прибывает; arrives (on foot) - доходит, приходит
art - искусство; искусства *(gen)*; искусстве *(prep)*
articles - статьях *(prep)*
artist - художник; artists - художники
as soon as possible - поскорее
Asian - азиатскую *(acc)*
ask (they) - просят
ask smb. to marry, - сделать предложение
asked - попросил
asks - просит, спрашивает
assignment - задаче *(prep)*; задачи *(gen)*; задачу *(acc)*
assignment, task - задание
at - при
at first - сначала
at home - дома; in the house - в домике *(prep)*
at last, finally - в конце концов
attached - прикрепил; is attached - прикреплен
attacks - бросается
attention - внимания *(gen)*
attitude - отношение; towards somebody - по отношению к кому-то
aunt - тётя; тёте *(dat)*; тётей *(inst)*; тётю *(acc)*
author - автора *(gen)*
autumn - осени *(gen)*
awful - ужасная
back - обратно
bad - плохая
badly - плохо
badly, incorrectly - неправильно
bag - сумку *(acc)*
baggage - багаж
bake - выпекаться, испечь
ball - мячом *(inst)*
barbarian - варвар; варваром *(inst)*
bark - облаять
barking - лаем *(inst)*; to bark - лаять
barks - лает; barked - лаяла
baskets - корзины

be - быть
be sorry, regret - жалко
beautiful - красива(я), прекрасной *(gen)*;
beautifully - красиво
beauty - красоту *(acc)*
became - стал; became famous - прославился
because - потому что
becomes - становится
bed - кровать, кроватка, кроватке *(prep)*
before - прежде
beginning - начале *(prep)*
begins - начинается
behaves, acts - действует
behind - за, сзади, следом
beige - бежевый / бежевая / бежевое; бежевом *(prep)*
believe - поверить, считать
belongs - принадлежит
bench - скамейку *(acc)*
bends over - наклоняется
besides - кроме того
best - лучшее, лучший
better - лучше, лучшего *(masc gen)*; лучшей *(fem gen)*
Bible - Библию *(acc)*
big - большая, большие *(plr)*, большими *(inst plr)*, большой *(inst fem)*
bill - счёт; счёта *(gen)*
birds - птиц *(acc)*, птицы
birthday - день рождения
bit - укусила
bites - кусает
biting - кусачая
black - чёрные, чёрный
blame - вину *(acc)*
blossom (they) - цветут
blushing - краснея
books - книг *(gen)*, книги
bought - купила
bouquet - букет
bows, goes low - опускается
boy - мальчиком *(inst)*
boys - парни
branch - ветка, ветке *(prep)*
branches - ветки
brave - смелая *(fem)*, храброго *(acc)*
bread - хлеб
break - нарушать; break (they) - ломают

breaks - обрыв<u>а</u>ется
breathes - д<u>ы</u>шит
briefcase - кейс
bright red - ярко-кр<u>а</u>сные
brings - в<u>ы</u>носит, прин<u>о</u>сит
brother - брат; бр<u>а</u>том *(inst)*
brought - принос<u>и</u>ла
bucket - ведр<u>о</u>; ведр<u>у</u> *(dat)*
buddy - друж<u>о</u>к
builders - стро<u>и</u>телей *(gen);* construction - стро<u>и</u>тельной *(adj prep)*
building - зд<u>а</u>ния *(gen)*, стро<u>и</u>тельной *(prep)*
buildings - зд<u>а</u>ний *(gen)*
burns down - сгор<u>а</u>ет
bus - авт<u>о</u>бус; авт<u>о</u>буса *(gen)*; авт<u>о</u>бусу *(dat)*; авт<u>о</u>бусе *(prep)*
business - дел<u>а</u>м *(dat plr)* ; д<u>е</u>лу *(dat sng)*
but - но
buy - куп<u>и</u>ть, покуп<u>а</u>ть
buys - покуп<u>а</u>ет
by, near - в<u>о</u>зле
bye - пок<u>а</u>
cabinets - шкаф<u>а</u>х *(prep)*
café - каф<u>е</u>
cage - кл<u>е</u>тка, кл<u>е</u>тки *(gen)*; кл<u>е</u>тку *(acc)*
cages - кл<u>е</u>тках *(plr prep)*; кл<u>е</u>тке *(sng prep)*
cake - торт; т<u>о</u>рта *(gen)*; т<u>о</u>ртик
call - позвон<u>и</u>ть, звать; calls - зовёт; call - звонк<u>о</u>м *(inst);* call (they) - вызыв<u>а</u>ют, зов<u>у</u>т
call again - перезван<u>и</u>вают
called - в<u>ы</u>звал / в<u>ы</u>звали, звон<u>и</u>ли; to call - в<u>ы</u>звать
calls - вызыв<u>а</u>ет, назыв<u>а</u>ет
calls, rings - звон<u>и</u>т
calm - невозмут<u>и</u>мым *(inst)*, спок<u>о</u>йные *(plr)*, спок<u>о</u>йный
calm down - успок<u>а</u>иваются, успок<u>о</u>йся *(imp);* to calm down - успок<u>о</u>ить
calmly - спок<u>о</u>йно
came (by transport) - при<u>е</u>хала; came (on foot) - пришл<u>а</u>; пришл<u>и</u> *(plr)*
can - бак; б<u>а</u>ком *(inst);* б<u>а</u>ку *(dat);* can - м<u>о</u>жно, см<u>о</u>жет, ум<u>е</u>ет; can (they) - м<u>о</u>гут; can (we) - м<u>о</u>жем; can (you) - м<u>о</u>жешь
candy - конф<u>е</u>ту
capable - сп<u>о</u>собная
capital - стол<u>и</u>ца
capricious - капр<u>и</u>зная

car - автомоб<u>и</u>ле *(prep)*, автомоб<u>и</u>ля *(gen)*, маш<u>и</u>на, маш<u>и</u>не *(prep)*; маш<u>и</u>ну *(acc)*; маш<u>и</u>ны *(gen)*, маш<u>и</u>ной *(inst)*
care (you) - заб<u>о</u>тишься
careful - аккур<u>а</u>тный, осторо<u>ж</u>ный, стар<u>а</u>тельного *(gen)*
carefully - стар<u>а</u>тельно
carpet - ковёр
carries (in hands) - несёт
carry (they) - нес<u>у</u>т
carry out - провест<u>и</u>
carrying - нес<u>я</u>
cars - маш<u>и</u>н *(gen)*
case - сл<u>у</u>чай
cash register - к<u>а</u>ссе *(prep)*
cat - кот; кот<u>у</u> *(dat)*, кот<u>а</u> *(gen)*; кот<u>е</u> *(prep)*; кот<u>о</u>м *(inst)*, к<u>о</u>шка; к<u>о</u>шкой *(inst)*; к<u>о</u>шку *(acc)*
catch - лов<u>и</u>ть, лов<u>я</u>т
catches - л<u>о</u>вит
catches, grabs - хват<u>а</u>ет
caterpillar - г<u>у</u>сеница; г<u>у</u>сеницу *(acc)*; г<u>у</u>сеницы *(gen)*
cathedral - соб<u>о</u>р
cats - к<u>о</u>шки; к<u>о</u>шек *(acc)*; к<u>о</u>шками *(inst)*
caught - слов<u>и</u>л
cautiously, carefully - осторо<u>ж</u>но
ceiling - потолк<u>а</u> *(gen)*, потол<u>о</u>к
celebration - пр<u>а</u>здник; celebrations - пр<u>а</u>здники
centimeters - сантим<u>е</u>тров *(gen)*
centre - центр
certainly, necessarily - обяз<u>а</u>тельно
chain - цепь; ц<u>е</u>пью *(inst)*
chair - стул
change - мен<u>я</u>ть, смен<u>и</u>ть
changed - измен<u>и</u>лся
charge - заряд<u>и</u>ть
charity - благотвор<u>и</u>тельность
charming - обая<u>т</u>ельная, очаров<u>а</u>тельная
chases - г<u>о</u>нится; chases away - отгон<u>я</u>ет
chat (they) - общ<u>а</u>ются
chats - ч<u>а</u>ты
check - пров<u>е</u>рить
cheerful - вес<u>ё</u>лая
cheerfully - в<u>е</u>село
cheese - с<u>ы</u>ра *(gen)*
cheetah - геп<u>а</u>рда *(gen)*

chef - шеф-повар
chicken - курица; курицей *(inst)*; курицу *(acc)*
chief - начальника *(acc)*
child - ребёнок, ребёнка *(gen)*; with the child - с ребёнком *(inst)*
children - детей *(acc)*, детям *(dat)*
choose - выбирать; they choose - выбирают
chores - делами *(inst plr)*
Christmas - рождество; рождеству *(dat)*
Christmas tree - новогодняя ёлка; новогоднюю ёлку *(acc)*
cigarette - сигарету *(acc)*
cinema - кино; cinema hall - кинозал
circumstances - обстоятельства
city - город; городе *(prep)*; городу *(prep)*, города *(gen)*
classroom - аудитория, аудиторию *(acc)*, кабинет, кабинете *(prep)*, класс, класса *(gen)*
clean - чистый
cleaner's - уборщицы
cleaning - уборка
cleaning woman - уборщица; уборщице *(dat)*; уборщицей *(inst)*
cleanliness - чистота
client - клиент; клиента *(acc)*, клиентом *(inst)*
climbs - залезает
close, near(by) - близко
closely - внимательно
closes - закрывает, закрывается; close - закрываются
clothes - одежды *(gen)*
coffee - кофе
coincides - совпадает
cold - замёрз, холодно
collar - ошейник; to the collar - к ошейнику *(dat)*
colleagues - коллегам *(dat)*
college - колледж, колледжа *(gen)*, колледже *(prep)*
colorful - разноцветные
come *(by transport)* - приехать
come (they) - заходят
come back - возвращаться, возвращаются
come up - подойдите *(imp)*
come, to visit - бывать

come, turn to - обращайтесь *(imp)*
comes (into) - заходит
comes by transport - приезжает
comes on foot - приходит
comes to - подходит к
comes to the end - заканчивается
comfortably - удобно
common - общие; common (in) - общее
company - компания; компании *(prep)*, фирма, фирмы *(gen)*
compartment - отделения *(gen)*
competent - компетентное
completely, absolutely - абсолютно
complicated - сложное
compliment - комплимент; two compliments - два комплимента *(gen plr)*; some compliments - несколько комплиментов *(gen plr)*
composes - сочиняет
computer - компьютер, компьютерную *(adj acc)*
confession - признание
confirmed - подтвердила
confirmed, specified - уточнили
confusion - растерянности *(prep)*
connection - связь
consider - считать
considers, believes - считает
content - содержания *(gen)*
contentedly - довольно
continued - продолжалось
continues - продолжает
contrast - контрасте *(gen)*
conversation - разговор
convinces - убеждает
convincing - убедительно
cook - варить, кулинарка, кулинаром *(inst)*, повар
cooked - приготовила; to cook - приготовить
copied - списали *(plr)*; copied - списывал *(sng)*
correctly - правильно
couch - диване *(prep)*
could - могла
countries - стран *(plr gen)*; страну *(sng acc)*; страны *(sng gen)*
courier - курьера *(acc)*

courses - курсы
court - суд; суде *(prep)*
crashes, hits himself - ударяется
crawl - ползти
cream - кремом *(inst)*
create, manufacture - произвести; to impress - произвести впечатление
creative work - творчество
cries - кричит; cries out - вскрикивает
crocodile - крокодил
crosses oneself - крестится
cry - плакать
cuisines - кухнями *(inst plr)*
culinary - кулинарный; кулинарного *(gen)*; кулинарным *(inst)*
cup - чашка, чашку *(acc)*
customs - обычаями *(inst)*
cut *(Past Participle)* - нарезанных *(gen)*
cuts apart - разрезает
dad - папа, папой *(inst)*
dangerous - опасный
daring, brave - смелое
dark - темно, темноте *(prep)*, тёмную *(acc)*
daughter - дочери *(dat)*, дочь
day - день, днём *(inst)*, дня *(gen)*
day off - выходной
daybreak - рассвете *(prep)*
days - дней *(gen)*, днях *(prep)*
dear - дорогой
decide (they) - решают
decided - решил, решила
decides - решает
deep - глубокий
defect - недоработка; defects - недоработки; недоработку *(acc)*
definitely, exactly - точно
deletes - удаляет
delicacy - деликатесом *(inst)*
delicious - вкусные; delicious dish - деликатес
delivery - доставке *(prep)*
demanding - требовательный; demands - требует
dentist - стоматолога *(gen)*
departing - отправляющегося *(gen)*
department - факультете *(prep)*
deputy director - заместитель директора
describe - опишите *(imp)*

deserves - заслуживает
desk - парте *(prep)*, стол; столу *(dat)*
despair - отчаянии *(prep)*
detain - задержать
dials - набирает
did - сделали
different - разные; different - разных *(gen)*
difficult - сложные, трудно, трудные
director, chief manager - директор; директора *(gen)*
dirty - грязно, грязной *(gen)*; грязную *(acc)*
disciplined - дисциплинированный
discontentedly - недовольно
discuss (they) - дискутируют
dish - блюдо, блюдом *(inst)*
dishes, plates - блюда; блюд *(plr gen)*; блюде *(prep)*
dismissal - увольнением; *(inst)* увольнении *(prep)*
dispatchers - диспетчеры
dispute - диспут, спор
distinctly - чётко
divides - разделяет
do - заниматься, заняться; do (you) - делаете
do not understand - непонятно
do, make - делать
doctor - врач, доктор; доктора *(gen)*; доктору *(dat)*
documents - документы
does - делает, совершает; does his best - старается
dog - пёс; пса *(gen)*, собака; собакой *(inst)*, собаки *(gen)*
doghouse - будки *(gen)*; будку *(acc)*
doing - выполнять
doll - куклу *(acc)*; куклы *(gen)*
dollars - долларов *(gen)*
door - дверь, дверцу *(acc)*; doors - дверцы
doors - двери
dorms - общежитии *(prep)*
doubt - сомневаться
dough - тесто; тестом *(inst)*
down - вниз
drawer - ящичке *(prep)*
dream - сон
dreamed - приснилось
dreams - мечтает

drink a little - по__пи__ть
drinking - пить__я__ *(gen)*
drinks - пьёт
driver - вод__и__теля *(acc)*
drivers - вод__и__тели
drives off - отъезж__а__ет
drives past/to - проезж__а__ет
drives up - подъезж__а__ет
driving - за рулём
drops - рон__я__ет
drove, went (by transport) - __е__хал
dust - пыль
each - к__а__ждого *(gen)*, к__а__ждой *(dat)*; к__а__ждую *(acc)*
earlier - р__а__ньше
early - р__а__но
easier - л__е__гче
easy - л__е__гкий; easily - легк__о__
eat - к__у__шать, по__е__сть, пок__у__шать; eat (they) - ед__я__т; eat up - съесть; eats up - съед__а__ет
eight - в__о__семь
eight-year-old - восьмил__е__тняя
elderly - пожил__а__я, пожил__о__й
electric plug - электрошн__у__р; электрошнур__а__ *(gen)*; электрошнур__о__м *(inst)*
electronics - электр__о__никой *(inst)*; электр__о__нику *(acc)*
elevator - л__и__фтом *(inst)*
eliminate (you) - устран__я__ете
e-mail - электр__о__нной почте *(prep)*
emotionally - эмоцион__а__льно
employee - сотр__у__дница
end - кон__е__ц, конц__а__ *(gen)*
endless - бескон__е__чный
engine - мот__о__р
English - англ__и__йская, англ__и__йский; англ__и__йском *(prep)*, англ__и__йского *(gen)*
enjoy - наслажд__а__йся *(imp)*
enters - вх__о__дит
enthusiastically - увлечённо
entrance - в__ы__ходу *(dat)*
envelope - конв__е__рт; конв__е__рте *(prep)*; конв__е__рты
environment - обстан__о__вку *(acc)*
especially - ос__о__бенно
essay, composition - сочин__е__ние; essays - сочин__е__ния; сочин__е__ниями *(inst)*
eternity - в__е__чности

even - д__а__же
evening - в__е__чер, в__е__чера *(gen)*, в__е__чернему *(adj prep)*, в__е__чернюю *(adj acc);* one evening - вечерк__о__м
every - к__а__ждая, к__а__ждые, к__а__ждым *(inst)*, к__а__ждый
everything - всё
exactly - __и__менно, р__о__вно
exam - экз__а__мен
examines - рассм__а__тривает
excellent - отл__и__чная, отл__и__чно, отл__и__чный, превосх__о__дная
exchange glances - перегл__я__дываются
excitement - аз__а__рт; excitedly - с аз__а__ртом
excrements - фек__а__лии
excuse me, I am sorry - извин__и__те, прост__и__те
executioner's - палач__а__
exhibition - в__ы__ставка; в__ы__ставке *(prep)*
exhibition- в__ы__ставки *(gen)*; в__ы__ставку *(acc)*
exotic - экзот__и__ческий
expected - ожид__а__ли
expensive - дорог__а__я/дорог__о__е; дорог__у__ю *(fem acc);* дорог__и__м *(masc inst)*; дорог__и__х *(plr gen)*
explains - объясн__я__ет
explanation - объясн__е__ний
explosion - взрыв
expression - выраж__е__ние; expression - выраж__е__нием *(inst)*
eye - глаз; eyes - глаз *(gen plr)*
eyes - глаз__а__; eyes - глаз__а__ми *(inst;* eyes - глаз__а__х *(prep)*
face - лиц__о__, лиц__е__ *(prep)*, лиц__о__м *(inst)*, лиц__а__ *(gen)*
faint - __о__бморок
falls asleep - засып__а__ет; to fall asleep - засып__а__ть
falls down - п__а__дает; fall down - п__а__дают; to fall down - п__а__дать
family - сем__е__йные, семь__и__ *(gen)*; семь__ю__ *(acc)*
famous - изв__е__стный, изв__е__стных *(gen plr)*
fans - люб__и__телей *(gen)*
far, long way - далек__о__
farther - под__а__льше
fascinated - очар__о__ван
fat - т__о__лстая
father - от__е__ц; отц__а__ *(gen)*; отц__у__ *(dat)*
fatter - т__о__лще
faucet - кран

133

favorite - люб*и*мый, люб*и*мых *(plr gen)*
fear - страх
feel - почувствовать; feel (I) - ч*у*вствую;
feel (you) - ч*у*вствуешь
feelings - ч*у*вства; ч*у*вствах *(prep)*
feels - ч*у*вствует
fell - уп*а*ла; fell in love - полюб*и*ла
felt a chill - похолод*е*л
female friend - подр*у*га; to/about a female
friend - подр*у*ге
fence - заб*о*р; заб*о*ра *(gen)*, заб*о*ре *(prep)*; заб*о*ром *(inst)*
festive - праздничное
field, profession - специ*а*льности *(prep)*
fifteen - пятн*а*дцать
fifth - п*я*тая; п*я*тую *(acc)*
figures - фиг*у*ры
file - файл
finally - након*е*ц
find - найт*и*; find out - узн*а*йте *(imp)*
finds - нах*о*дит, обнар*у*живает
fine - крас*и*вая, м*и*лая, крас*и*вую *(acc)*, м*и*лых *(gen)*, м*е*лкий
finger - п*а*льцем *(inst)*
finish - зак*о*нчить, сд*е*лать
finished baking - допёкся
finishes - зак*а*нчивает
fire - пож*а*р; пож*а*ра *(gen)*; пож*а*ре *(prep)*, пож*а*рная
fire, dismiss (you) - увольн*я*ете; to fire, to dismiss - увольн*я*ть
fired - ув*о*лены; to fire, to dismiss - уво*л*ить
fireworks - фейерв*е*рки
firm - ф*и*рме *(prep)*
first - п*е*рвая, п*е*рвой *(prep)*, п*е*рвый
fish - р*ы*ба, р*ы*бка, р*ы*бками *(plr inst)*; р*ы*бках *(plr prep)*, р*ы*бки *(plr)*, р*ы*бок *(acc)*, р*ы*бку *(acc)*
fits - помещ*а*ется
five - пят*и* *(gen)*, пять
fix - испр*а*вить; fixes - исправл*я*ет
flatter (you) - льст*и*шь
flies - лет*и*т; flies in - влет*а*ет
flight - рейс
flip (they) - лист*а*ют
flood - пот*о*п
floor - пол, эт*а*ж, этаж*е* *(prep)*
flowerbed - кл*у*мба; кл*у*мбу *(acc)*

flowers - цвет*ы*
fly away (I) - улет*а*ю
foil - фольг*у* *(acc)*
following, next - сл*е*дующий; сл*е*дующего *(gen)*
follows - сл*е*дует
food - ед*у* *(acc)*, ед*ы* *(gen)*, прод*у*кты, прод*у*ктов *(gen)*
for - для
for a while - ненад*о*лго
for sure - навернякá
for the first time - вперв*ы*е
forest - лес
forget - заб*у*дьте *(imp)*
forgets - забыв*а*ет
forgot - заб*ы*л, заб*ы*ла
fork - в*и*лку *(acc)*
forks - в*и*лок *(gen)*
form - ф*о*рма
former - б*ы*вший, пр*е*жний, б*ы*вшему *(dat)*, пр*е*жних *(gen plr)*
forty - с*о*рок
forum - ф*о*руме *(prep)*; forums - ф*о*румы
found - наш*ё*л, нашл*а*
four - чет*ы*ре
fourth - четвёртая
frailness - непр*о*чности *(fem gen)*
free - своб*о*дное; free - своб*о*дны
Friday - п*я*тницу *(acc)*
fridge - холод*и*льнике *(prep)*
fried - заж*а*ренное
friend - друг, др*у*га *(gen)*, др*у*гом *(inst)*
friends - друзь*я*; друзь*я*м *(dat)*; друзь*я*ми *(inst)*; a lot of friends - мн*о*го друз*е*й *(acc plr)*
frightened - исп*у*ганно
frightening - стр*а*шно
from - от
from here - отс*ю*да
from surprise - от неож*и*данности *(gen)*
from the corner - из угл*а* *(gen)*; in the corner - в угл*у* *(prep)*
from the same - из тог*о* же
frown - нах*му*ренным *(inst)*
fruit - плод*ы*, фр*у*кты
fry - ж*а*рить, заж*а*рить; fried - заж*а*рила/заж*а*рили
full - с*ы*тый

fullfills, does - выполн_я_ет
funny - смешн_ы_е
furiously - б_е_шено; б_е_шеным *(adj inst)*
further - д_а_льше
game - игр_у_ *(acc)*
garbage - м_у_сор
garden - сад; in the garden - в сад_у_ *(prep)*
gather - собр_а_ть
gathers - собир_а_ет; to gather - собир_а_ть; собир_а_ют *(plr)*
gave - д_а_ли
gave a mark - пост_а_вили оценку
gave away - отд_а_л
gently, tender - н_е_жно
get - до_е_хать, получ_и_ть
get away - уйд_и_те *(imp)*
get down - слез_а_й *(imp)*, спуст_и_ться
get lost - заблуд_и_ться
get married - жен_и_ться
get nervous - н_е_рвничать
get out - в_ы_йти
get upset - расстр_а_ивайтесь *(imp)*
get, to earn - получ_а_ть
gets - получ_а_ет
gets out - вых_о_дит, вылез_а_ет
gets outraged - возмущ_а_ется
gets up - вста_ё_т, поднимается
gifts - под_а_рки; gift - под_а_рок
girl - д_е_вочка, д_е_вушка; д_е_вочке *(dat)*, д_е_вушке *(dat)*; д_е_вушку *(acc)*; д_е_вочки *(gen)*; girls - д_е_вушки; д_е_вушкам *(dat)*; д_е_вушкой *(inst)*
give - дать, дай *(imp)*, дайте, да_ю_
give (marks) - ст_а_вить (оц_е_нки)
give a bonus - премиров_а_ть
give a hint - подсказ_а_ть
give as a gift - (по)дар_и_ть
give away - отд_а_ть
given was - зад_а_ли
gives - отда_ё_т
gives (work) - зада_ё_т
gives as a gift - дар_и_т
gives, lets - да_ё_т
glad - дов_о_лен, р_а_да *(fem)*, р_а_ды
glances - погл_я_дывает
glue - клей; кл_е_ем *(inst)*; кл_е_я *(gen)*
gluing - скл_е_ивания *(gen)*

go - езж_а_й *(imp)*, ид_и_ *(imp)*, ид_и_те *(imp)*; to go - идт_и_, по_е_хать
go (and come back) - съ_е_здить, сход_и_ть; I will go (and come back) - съ_е_зжу
go (by transport) - _е_дут, _е_здят
go (on foot, they) - х_о_дят, ид_у_т
go (we) - ид_ё_м
go away - уйт_и_, уход_и_ть, (they) ух_о_дят
go out (they) - вых_о_дят
go, to pass - пройт_и_
God - Бог; Б_о_гом *(inst)*
goes - въезж_а_ет, ид_ё_т, х_о_дит
goes (by transport) - _е_дет/_е_здит; _е_хать - to go (by transport)
goes away - ух_о_дит
goes down - спуск_а_ется
goes on - прох_о_дит
golden - золот_ы_ми *(inst)*; золот_ы_х *(acc)*
good - хор_о_шее; хор_о_шие; хор_о_ший, хор_о_шая, д_о_брое; well - хорош_е_нько, хорош_о_, хор_о_шим *(inst)*
good luck - уд_а_чи
good night - спок_о_йной н_о_чи *(gen)*
got - получ_и_л, ст_а_ло
got *(somewhere)* - поп_а_ла
got married - жен_и_лись
grade - оц_е_нка
grease - см_а_зать
greases - м_а_жет
great - вел_и_кий, здор_о_во, кл_а_ссно
Greece - Гр_е_ции *(gen)*
Greek - грек; гр_е_ков *(gen)*; гр_е_ком *(inst)*, гр_е_ческий; гр_е_ческим *(inst)*; гр_е_ческое *(inst)*
greets - здор_о_вается
grow - выр_а_щивают, раст_у_т
growl - рыч_а_нием *(inst)*
growls - рыч_и_т
grows - раст_ё_т
guard - ст_о_рожем *(inst)*
guarded - охран_я_л
guess - отгад_а_ть, предположение
guest - гость
guests - г_о_сти
guilty - винов_а_та
guy - п_а_рень
hair - в_о_лосы
half - полов_и_на; half four - полов_и_на четв_ё_ртого

half an hour - полчаса
hamster - хомяк/хомячок; a lot of hamsters - много хомяков *(acc)*
hamsters - хомячки; хомячка *(acc)*; хомячками *(inst)*; хомячков *(acc)*
hand - руке *(prep)*, рукой *(inst)*; руку *(acc)*
hand over - сдать; to take an exam - сдать экзамен
hands - руках *(plr prep)*, руки
hands out - раздаёт
handset - трубку *(acc)*
handsome - красив *(short form)*
hang down (they) - свисают
hangs - висит
happen - произойти
happened - случилось, произошла, произошло; What is going on? - Что происходит?
happily, safely - благополучно
happy - весёлый, счастлив, счастливый
harshly - резко
has - имеет
has a rest - отдыхает
have - иметь
have a rest - отдыхать, отдыхают
have a snack - перекусить
have dinner - ужинают
have lunch - обедать
have; there is - есть
having apologized - извинившись
having tilted - наклонив
he - он
head - головой *(inst)*, голову *(acc)*
healthy - здоров
hear - слышать; hear (they) - слышат
hear distinctly, to catch - расслышать
heard (is) - слышен
hears - слышит
heavy - тяжёлый; тяжёлым *(inst)*
Hebrew - иврит; иврите *(prep)*
held back - придержал; holds back - придерживает
hello - алло, здравствуйте
help - помочь, помощь
helped - помог
helps - помогает
her - её, ею *(inst)*, неё *(gen)*, ней *(inst)*
here - вот, здесь, тут

herself - (она) сама
hesitantly - нерешительно
hi - привет
high - высокое, высокую
highest - высшей *(gen)*; высшую *(acc)*
him - ему, него *(acc)*, нему *(prep)*, ним *(inst)*
hire - нанять
his - его *(gen)*; his *(reflexive pronoun)* - свой
hits - бьёт
hold - держи *(imp)*; holds - держит; I hold - держу
hold back - удержать
holds out - протягивает
home - домашние, домашними *(adj inst plr)*, доме *(prep)*; (go) home - домой
home, native - родной
homeless - бездомный
honestly - честно
hopes - надеется
hospital - больницу *(acc)*
hotel - гостинице *(prep)*; гостиницы *(gen)*, отель; отеля *(gen)*
hour - час; three hours - три часа *(gen)*
house - дом, домом *(prep)*, дому *(dat)*
how - как
how much, how many - сколько
huge - огромный, большой, большим *(inst)*, огромная; огромную *(acc)*
hugs - обнимает
hum - хм
human - человеческим *(inst)*
human, people's - людей *(gen)*
hundred - сотню *(acc)*
hurricane - ураган
hurry (I) - спешу
hurt - обижай *(imp)*
hurts - болит
husband - муж; мужем *(inst)*; мужу *(dat)*
I - я
I can - могу
I hope - надеюсь
I remember - помню
I see/understand - понимаю
I will be able - смогу
I'll come (by transport) - заеду
I'm sorry - извини
idea - идея
if - если

immediately - сразу
important - важная, важно, важному *(dat)*, ответственное
impressed - под впечатлением *(inst)*;
impressed - впечатлён
impression - впечатление; impressions - впечатления
improve one's mood - поднять настроение
impudence - наглости
in - в, во
in (some time) - через
in autumn - осенью
in confusion - смущенно
in detail - подробно
in different way - по-другому
in embarrassment - растерянно
in English - по-английски
in evenings - вечерами
in front of - перед
in order to; to *(gives a reason for smth)* - чтобы
in outward appearance - внешне
in person - лично
in some way - чем-то
in spring - весной
in surprise - удивлённо
in that - в том *(prep)*; in this - в этом *(prep)*
in the evening - вечером
in the middle - посередине
in the morning - утром
in the summer - летом
incomprehensible - непонятны
incorrect - неправильные
incredibly - невероятно
influences - влияет
inner - внутреннюю *(fem adj acc)*
inscription - надписью *(inst)*
inside - внутри
installed - поставил; I'll install - поставлю
installs - устанавливает
instead of - вместо
intelligence - ума *(gen)*
interest, curiosity - любопытством *(inst)*
interesting - интересную *(acc)*, интересные, интересный, интересных *(gen plr)*
interests - интересы
interjections - ведь, же, уж
Internet - Интернете *(prep)*

interrupts - перебивает
intersection - перекрёстка *(prep)*
introduces - знакомит; gets acquainted - знакомится
invents - выдумывает
invites - приглашает
iron (flat) - утюг
is - является; is (located) - находится
is afraid - боится
is being worn - надет
is called - называется
is clear - ясно
is confused - растерян
is fond of - увлекается
is getting cold - остывает
is glad - рад
is going - собирается
is happy - радуется
is healthy - здорова
is ill - болеет
is in time - успевает
is interested - интересуется
is late - опаздывает
is not clear - неизвестно
is not enough - недостаточно
is separated - отделён
is splattered - забрызгана
is/stands - стоит
Israel - Израиль
issue (of a newspaper) - номер
it - оно, этому *(dat)*
it hurts - обидно
it is clear - понятно
it is time - пора
it looks like - похоже
it must be lucky - повезло
it seems - вроде, кажется
it turned out well - получилось
it turns out - оказывается
it, this - это *(neut)*
jaws - челюсти
join - служить
joke (they) - шутят
jokes - шутки
journalism - журналистики *(gen)*
joyful - радостная
judge - судья
juice - сока

July - июля *(gen)*
jumps - прыгает
jumps down - спрыгивает
jumps out - выскакивает
jumps up - вскакивает
jurisprudence - правоведение; правоведению *(dat)*; правоведения *(gen)*
just - всего, просто, только
just, absolutely - совсем
justice - справедливость
Kiev - Киеве *(prep)*
kill - убить
killed - убили; killed (Past Participle) - убитую *(fem acc)*
kilogram - килограмм
kind - добрая, добрый
kindergarten - детский сад
king - царя *(acc)*
kisses - целует
kitchen - кухня; кухни *(gen)*, кухне *(prep)*; кухню *(acc)*, кухонных *(adj plr gen)*
kitten - котёнок; котёнка *(gen)*; котёнком *(inst)*
kitty kitty - кис-кис
knew - знал; they know - знают
know - знать; know (I) - знаю; know (we) - знаем
knowing - зная
knowledge - знаниями *(inst plr)*
knows - знает
landscape - пейзаж
language - языка *(gen)*
laptop - ноутбук
last (about a newspaper or magazine) - свежий
lasts - продолжается
late - поздно
lately - последнее время
laughs - смеётся; (they) laugh - смеются; to laugh - смеяться
law - закон; законов *(plr gen)*
laws - законы
lazy - ленивый
leads - ведёт
learn about, to meet smb - знакомиться
learned - выучила
leash - поводке *(prep)*
leather - кожи *(gen)*

leaves - листьев *(gen)*, листья
lectures - лекции; lectures - лекций *(gen)*
left - уехала, оставила; leaves - оставляет
left, went out - вышли
leg - нога; ногу *(acc)*
legs - лапками *(inst)*
length - длину *(prep)*
lesson - занятие; урок; урока *(gen)*
lessons - занятий *(gen)*
let - пусть
let go - отпустить
let's - давай
let's go - пойдём
letter - письмо; письме *(prep)*
level - уровнем *(inst)*
library - библиотеки *(gen)*, библиотеку *(acc)*
lid - крышку *(acc)*
lie down - прилечь
lied - лежала
lies - лежит; lies down - ложится
life - жизни *(gen)*
light up - горит
like - нравится, нравятся; like (they) - любят
liked - понравилась
likes, loves - любит
line - очередь, очереди *(gen sng)*
listens - слушает
literature - литература
little - маленькая; маленьких *(acc plr)*, маленькие *(plr)*, маленькой *(prep)*, маленькую *(acc)*; мало
little door - дверца
live (they) - живут; live (you) - живёшь; lives - живёт
living room - гостиной *(prep)*
load - грузить
loads - грузит
loaf - буханку *(acc)*
local - местные *(plr)*, местный; местного *(gen)*
lock - замок, замыкать; lock (they) - замыкают
long - длинное, длинную *(acc)*, длинные, долгий
look - посмотреть, посмотри *(imp)*, смотри *(imp)*; I will see - посмотрю
look (they) - выглядят, смотрят
look after (they) - ухаживают

look at smth carefully - рассмотр*е*ть
look for - иск*а*ть
looked for - иск*а*л
looking - гл*я*дя
looks around - огл*я*дывается; looks, appears - в*ы*глядит
looks/is looking - см*о*трит
lose - тер*я*ть
loss - пот*е*ри *(gen)*
louder - гр*о*мче
loudly - гр*о*мко
love - любв*и* *(prep)*, люб*о*вное *(adj)*
low - н*и*зкие, н*и*зкую *(acc)*
lower - н*и*же, н*и*жнем
luckily - к сч*а*стью *(dat)*
luggage - баг*а*жного *(gen)*
lunch - об*е*д, об*е*да *(gen)*, об*е*дом *(inst)*
madam - мад*а*м
made - д*е*лал *(sng)*; д*е*лали *(plr)*, сд*е*ланной *(gen)*; сд*е*ланных *(gen)*
magazine - журн*а*л
magazines - журн*а*лы
magnificent - п*ы*шные
main - гл*а*вное
main; гл*а*вным *(inst)* - гл*а*вный
make (they) - д*е*лают
make, force - заст*а*вить
man - мужч*и*на, челов*е*к, челов*е*ка *(acc)*
manages - справл*я*ется, удаётся; удастся
mark - оц*е*нку *(acc)*
marks - оц*е*нки
marry - з*а*муж
masks - м*а*ски
masterpiece - шед*е*вр
mating - в*я*зки *(gen)*
maybe - возм*о*жно
maybe; (he) can - м*о*жет
me - мен*я*, мной *(inst)*; to me - мне
mean - им*е*ть в вид*у*; you mean - им*е*ешь в вид*у*
meaning - смысл; см*ы*сла *(gen)*
meanwhile - тем вр*е*менем
medical - медиц*и*нский
medieval - средневек*о*вого *(gen)*
meet - знак*о*мься *(imp)*
meets - встреч*а*ется
members - чл*е*нов *(gen)*
menu - мен*ю*

meows - мя*у*кает
merrily - р*а*достно
message - з*а*пись
met - встреч*а*лись
metal - металл*и*ческую *(acc)*
meters - м*е*тра *(gen)*
mice - мыш*е*й *(acc)*
middle - серед*и*на, ср*е*дние *(plr)*
millions - милли*о*ны
minute - мин*у*ту *(acc)l;* minutes - мин*у*ты
minutes - мин*у*т *(gen)*
mirror - з*е*ркало; з*е*ркале *(prep)*
misses, bored - скуч*а*ет
mistake - ош*и*бку *(acc)*
mister - д*я*дя
mix up (they) - п*у*тают
mixed up - переп*у*тал
mobile - моб*и*льный
modern - совр*е*менного *(gen)*; совр*е*менном *(prep)*; совр*е*менные *(plr)*, совр*е*менной *(gen)*
modest - скр*о*мным
mom - м*а*ма, м*а*мой *(inst)*; м*а*му *(acc)*
moment - мгнов*е*ние, мом*е*нт
money - д*е*нег *(gen)*, д*е*ньги
month - м*е*сяц
mood - настро*е*ние
mop - шв*а*брой *(inst)*
more strictly - стр*о*же
more, anymore - б*о*льше
moreover - да ещё, к том*у* же
morning - *у*тро; every morning - по утр*а*м *(prep)*
most - с*а*мом *(prep)*, с*а*мую *(acc)*, с*а*мые *(plr)*, с*а*мый, с*а*мых *(gen)*
mother - м*а*ме *(dat)*; м*а*мы *(gen)*
mountain - г*о*рный *(masc adj)*; mountains - г*о*ры
mouse - м*ы*шки *(sng gen)*
mouth - рот; ртом *(inst)*
move - перекл*а*дывайте *(imp)*; moved - перелож*и*ла / перелож*и*ли
moves - дв*и*гается, дв*и*жется, шев*е*лится
movie - фильм; ф*и*льме *(prep)*; ф*и*льмом *(inst)*; movies - ф*и*льмы
Mr., Sir - господ*и*н
much - намн*о*го
museum - муз*е*й

mushroom - гриб; mushrooms - грибы
music - музыка
must, should - должна; must, will have to - придётся
my - моё, моей (fem prep), моём (masc prep), мои, мой, моим (inst), мою (fem acc), моя
myself, himself etc, reflexive form of sing. pers. pronouns - сам, сама
name - имени (prep sng), имя, названием (inst)
names - имена; a name - имя
nanny - няня; nanny - няню (acc)
national - национальное; nationality - национальности (prep)
near, close - рядом
nearest - ближайшему (dat)
need - нужен; need - нужна; need - нужно
need, should - надо
needed, required - требуется
neighbor - сосед, соседа (gen); соседу (dat), соседка
neighboring - соседнюю (acc), соседский; соседского (gen); соседскому (dat)
neighbors - соседи; соседях (prep)
neighbouring, nearest - соседнем (prep)
never - никогда
new - новая, новой (inst), новые (plr); новых (acc)
news - новости / новость
newspapers - газеты
next - следующую (prep), соседний
nicely - приятно
nickname - кличку (acc)
night - ночь; ночи (gen sng)
no - нет, никакого (gen), никаких (gen)
nobody - некому (dat), никого (gen), никто
nods - кивает
noise - шум
noon - полдень
North - севере (prep)
not - не; does not look away - не сводит глаза
not bad - неплохо
not big - небольшую (acc)
not far - недалеко
not indifferent - неравнодушна
not long - недолго

not long ago - недавно
not simple/easy - непросто
not suitable - неподходящим (inst)
note - записку (acc)
notebooks - тетради; тетрадях (prep)
nothing - ничего
notice - надпись
notices - замечает
now - теперь
nowhere - нигде
numbers - номера; номеров (plr gen); номером (sng inst)
obedient - послушная, послушный
objects - возражает
of a theme - темы (g)
of course - конечно
off there - оттуда
offer - предложить
offers, suggests - предлагает
office - офис; офиса (gen)
often - часто
oh - ой
old - старая, старой (gen), старый
old chap - старик
old woman - бабушка, старушка; старушке (dat); old woman's - бабушки (pos)
omelette - омлет
on - на
on foot - пешком
on the glass - на стекле (prep)
on the go - на ходу
on the head - на голове (prep)
on the left - слева
on the right - справа
on time - вовремя; on time (I) - успеваю
on tiptoe - на цыпочки
once - как-то, один раз, однажды
one - одно; одной (fem prep), одном (prep), одну (acc)
one can see - видно
one cannot - нельзя
o-oh - о-о
Opel - Опель
open - откройте (imp), открытые (adj), открытым (inst); to open - открыть
opened - открыли
opens - открывает, открывается
option - поиграть

or - или, либо
order, booking - заказу *(dat)*
ordinary - обычный
organization - организация
other - другие, остальные; других *(gen plr)*, другими *(inst plr)*
our - наша, нашем, нашему *(dat)*, наши *(plr)*; наших *(acc)*
ourselves, youselves, themselves - сами
out of - из
outside - на улице *(prep)*, на улицу *(acc)*
oven - духовке *(prep)*, духовки *(gen)*; духовку *(acc)*
over - над
over, in - по
overcomes - преодолевает
overtakes - обгоняет
own - собственной *(prep)*
owner - хозяин; owner - хозяина *(gen)*
owners - хозяева
pack - пачку
package - упаковке *(prep)*
packet - пакет
paint - рисовать
pale - бледный
papers - бумаги
parents - родители, родителям *(dat)*
park - парк, парке *(prep)*
parks - паркует
passed - прошли
passenger compartment - кабина *(prep)*; in the passenger compartment - в кабине *(prep)*
passion - страстью *(inst)*
past - мимо
patiently - терпеливо
pause - пауза
paw - лапой *(ins)*
pay - платить, уделять; pay (they) - оплачивают, платят
pay attention - обращают внимание
paying - обращая
pays (a visit) - наносит
peace - покой
people's market - рынка *(gen)*
perfectly - прекрасно
period - срок
person - человеком *(inst)*

pet shop - зоомагазин; зоомагазина *(gen)*, зоомагазине *(prep)*
pets - гладит
phone - телефон, звонить
phone (they) - звонят
phone number - телефона *(gen)*
photos - фотографии
phrase - высказывание, фразу *(acc)*
pick up (they) - поднимают
picnic - пикник
picture - картина; картине *(prep)*; картину *(acc)*; картины *(gen)*
pile - стопки *(gen)*; стопку *(acc)*
pity - жаль
place - места *(gen)*, месте *(prep)*, место
places - места
plane - самолёт
plastic - пластиковую *(fem adj acc)*; пластиковых *(plr adj gen)*
platform - перроне *(prep)*
play (they) - играют
play pranks - шутить
played - играла
played a joke - пошутил, устроил шутку
playing - игр *(gen plr)*
plays - играет; to play - играть
please - обрадовать
pleasure - радостью *(inst)*, удовольствия *(gen)*
plug - вилка
poems - стихи; стихами *(inst)*
poetry - поэзией *(inst)*; поэзии *(gen)*; поэзию *(acc)*, поэтические
policeman - полицейский; полицейского *(acc)*
policemen - полицейских *(gen)*
politely - вежливо
poor (about a language) - ломаном *(prep)*
poorly - неумело
porcelain - фарфора *(gen)*
post - писал
postcards - открытки
praises - хвалит
prank - шутка; шутку *(acc)*
pray - молись *(imp)*
prepare, cook - готовить
prepares - готовит, готовится; I prepare - готовлю

141

presents - подарков *(gen)*
presses - нажим<u>а</u>ет
pretty - крас<u>и</u>вая
print, text - текст
probably - наве<u>р</u>но
probation - испыт<u>а</u>тельный
problem - пробл<u>е</u>ма
professional - специал<u>и</u>стом *(inst)*
professor - проф<u>е</u>ссор; проф<u>е</u>ссора *(gen)*; проф<u>е</u>ссору *(dat)*
proud (is) - горд<u>и</u>тся
proudly - г<u>о</u>рдо
prove (they) - док<u>а</u>зывают
public, city - городск<u>о</u>м *(adj prep)*
pulls over - натя<u>г</u>ивает
purchases - пок<u>у</u>пки
purrs - мурл<u>ы</u>чет
push - толк<u>а</u>ть
put - полож<u>и</u>ть, полож<u>и</u>ла
put *(for animate)* - посад<u>и</u>ть
put (they) - клад<u>у</u>т
put out - потуш<u>и</u>ть
puts - кладёт, ст<u>а</u>вит
puts together - скл<u>а</u>дывает
questions - вопр<u>о</u>сы
quickly - б<u>ы</u>стренько, б<u>ы</u>стро
quiet - тиш<u>и</u>на
quietly - т<u>и</u>хо
radio - р<u>а</u>дио
random, any - люб<u>у</u>ю *(acc)*
rare - р<u>е</u>дкую *(acc)*
rarely - р<u>е</u>дко
rats - крыс *(acc plr)*; кр<u>ы</u>сами *(inst plr)*
reach, to touch - дост<u>а</u>ть
react - отреаг<u>и</u>ровать
read - прочит<u>а</u>ть; read *(past)* - прочит<u>а</u>ла, чит<u>а</u>л
reading - чт<u>е</u>нием *(inst)*
reads - чит<u>а</u>ет
ready - гот<u>о</u>вы, гот<u>о</u>ва
real - насто<u>я</u>щим *(inst)*
realize - поним<u>а</u>я
really - действ<u>и</u>тельно; really *(in questions)* - р<u>а</u>зве
reasonable - здр<u>а</u>вый
recall (they) - вспомин<u>а</u>ют
recalls - вспомин<u>а</u>ет
received - получ<u>и</u>ла

recipe - рец<u>е</u>пт; рец<u>е</u>пте *(prep)*; рец<u>е</u>пту *(dat)*
recommends - рекоменд<u>у</u>ет
red - кр<u>а</u>сной *(inst)*, кр<u>а</u>сный; кр<u>а</u>сном *(prep)*
refuses - отк<u>а</u>зывается
relative - р<u>о</u>дственнике *(prep)*
relatives - р<u>о</u>дственникам *(dat)*
remain - оста<u>ю</u>тся
remember - всп<u>о</u>мнить, п<u>о</u>мни *(imp)*
remembers - п<u>о</u>мнит
remind (you) - напомин<u>а</u>ете
repair(s) - рем<u>о</u>нте *(prep)*
repeats - повтор<u>я</u>ет
required - необход<u>и</u>мые *(plr)*
rescuer - спас<u>и</u>тель
restaurant - рестор<u>а</u>н; рестор<u>а</u>на *(gen)*
restless - неспок<u>о</u>йный
return - верн<u>у</u>ться
returns - возвр<u>а</u>щается
revenge - м<u>е</u>стью *(inst)*
revive - ожив<u>и</u>ть
right - прав<u>а</u>, пр<u>а</u>вильное/пр<u>а</u>вильный, пр<u>а</u>вы *(sng polite)*, пр<u>я</u>мо
right now - сейч<u>а</u>с
rightness - правот<u>у</u> *(acc)*
rips apart - рвётся
river - р<u>е</u>чку *(acc)*
romantic - романт<u>и</u>чной *(gen)*
room - зал; з<u>а</u>ла *(gen)*; з<u>а</u>ле *(prep)*, кабин<u>е</u>т, к<u>о</u>мнате *(prep)*, к<u>о</u>мнату *(acc)*, к<u>о</u>мнаты *(gen)*
rope - верёвка; верёвки *(gen)*; верёвку *(acc)*, верёвкой *(inst)*
rubber - рез<u>и</u>новый
rules - пр<u>а</u>вила
run - беж<u>а</u>ть
run (into, onto) - забег<u>а</u>ть
running - б<u>е</u>га *(gen)*
runs - беж<u>и</u>т, б<u>е</u>гает; to run - б<u>е</u>гать
runs around - обег<u>а</u>ет
runs away - убег<u>а</u>ет
runs out - выбег<u>а</u>ет
runs up - подбег<u>а</u>ет; runs up to - добег<u>а</u>ет до; run up to - подбег<u>а</u>ют к
rushed to attack - брос<u>а</u>лся
rushes - врыв<u>а</u>ется
sad - гр<u>у</u>стные

sadly - грустно
said - говорила, сказал, сказала
saint - святой; святому *(dat)*
salary - зарплату *(acc)*
salesman - продавец, продавца *(acc)*
saleswoman - продавщица, продавщице, продавщицу
same - одинаковых *(gen plr)*
samples - образцы
sausage - колбасы *(gen)*
saved - сохраняла
saved himself - спасся *(masc)*
saw - видела
saw each other - виделись
say - сказать
say (they) - говорят
say (you) - говоришь
says - говорит
scene - сцена
school - школе *(prep)*; school - школу *(acc)*
schoolmate - одноклассник
scissors - ножницы
scold - ругать
scoundrel - негодяя *(acc)*
screen - экран
sculpture - скульптуру *(acc)*
sea - море; морю *(dat)*; моря *(gen)*
seals - запечатывает
seat - сиденье
second - вторая
seconds - секунд *(acc)*
secretary - секретарём *(inst)*
secretly - тайком
see - видеть, смотреть, увидеть
see (I) - смотрю
see (they) - видят
see (you) - видите
see (you) - видишь
see each other - увидимся
sees - видит
sell - на продажу *(acc)*
sells - продаёт; to sell - продать
send - отправлять
sensible - осмысленных *(gen)*
sentences - предложения
serious - серьёзное
seriously - серьёзно

service - сервис, служба; служб *(plr gen)*; службу *(sng acc)*; службы *(sng gen)*
settles down - располагается
seventy - семьдесят
several, some - несколько
shakes - качает
shakes himself off - отряхивается
shaman - шаман
she - она
sheet of paper - лист
shines - светит
shoes - обуви *(gen)*
shop - магазина *(gen)*, магазине *(prep)*
should, must - должен; должны *(plr)*
shout - кричать
shows - показывает
shyly - робко
sick - больная; is sick - больна *(short form)*
side - стороне *(prep)*, сторону *(gen)*, стороны *(gen)*
sighs - вздыхает
sights - достопримечательности
silent - молчит
silent (you are) - молчишь
silently, in silence - молча
sing (they) - поют
single - ни
sis - сестричка
sister - сестра; сестре *(dat)*, сестрой *(inst)*
sit - сидеть, сидят
sit down - садитесь *(imp)*
sit down (they) - садятся
sits down - садится
situation - ситуацию *(acc)*, ситуация, случай *(prep)*; in this situation/case - в таком случае *(prep)*
six (people) - шестеро
size - размера *(gen)*
sleep - поспать, спать
sleeps - спит
sleepy - сонный
slightly - слегка
slowly - медленно
sly - хитрая
slyly - хитро
small - маленький, небольшой; small city - городок
smart - умное, умный

smell - запах
smells - пахнет
smile - улыбка
smiles - улыбается; smiled - улыбались;
smile - улыбаются
smoke - дыму *(prep)*
snow - снег
so - поэтому, так
socket - розетки; розетку *(acc)*
sold - продаются
solution - решение
some - какое-нибудь, некоторые
some of them - одни; Some of them cry, and some of them laugh. - Одни плачут, а другие смеются.
some, any - какой-нибудь, какого-нибудь *(acc)*
somebody - кто-то
somebody else's - чужое
someone - кем *(ins)*
something, anything - что-то
sometimes - иногда
somewhere - где-то, куда-то
somewhere, anywhere - где-нибудь
son - сын; сыном *(inst)*
soon - скоро
soul - душа
sounds - звучит, раздаётся
soup - суп
Spanish - испанский
speaks - разговаривает
specialty - фирменное
speed - скоростью *(inst)*
spend (they) - проводят
spend (time) - проводить (время)
spends time - проводит время
spirit - дух
splashes - брызгает
spoil - испортить; spoil (you) - портишь
spring cleaning - генеральная уборка
stabs - накалывает
stairs - лестнице *(prep)*
stand - стоят
start (they) - начинают
starts - начинает
starts up - заводит
station - вокзал, вокзала *(gen)*, станции *(gen)*

stay - остаться, оставаться
stayed, lived - жил
stays - остаётся
stepped - наступали
sticking out - торчащими *(inst)*
still - равно
stole - украли
stop - остановиться
stops - останавливает, останавливается
store - магазин
stories - истории
story - историю *(acc)*, история
strain, awkward - неловкая
strange - странно, странным *(inst)*; странных *(gen plr)*
strangely, unusually - непривычно
streets - улицы
stretches - натягивается; stretched - натягивался
strict - строгий
strictly - строго
strong - крепкую, сильный
student - студентка *(fem)*; students - студенты
students - студентам *(dat)*; студентов *(gen)*
students' - студенческие
studied - учился
studies - учёбе *(dat)*, учится
study - учит, учить, учиться
study (they) - изучают
studying - учёбы *(gen)*
stupid - глупые
style - стиль
subject - предмет; subjects - предметов *(gen)*
subway - метро
successfully - удачно
such - таким, такого; в таком *(prep)*, такой;
such, these - таких, такую *(acc)*
suddenly - вдруг, внезапно, неожиданно
suitable - подходящий
suitcase - чемодан, чемоданом *(inst)*
suitcases - чемоданы; чемодана *(gen plr)*
sum - сумму *(acc)*
sun - солнце
sunbathe - загорать
Sunday - воскресенье
supermarket - супермаркет, супермаркета *(gen)*; супермаркете *(prep)*

144

supervising - контролирующая
supports - поддерживает
supposes - предполагает
sure (are) - уверены
surprise - удивить
surprised - удивлён, удивлённый; surprised (she is) - удивлена
surprises - сюрпризы
sweets - сладости
swimming pool - бассейн
swimsuit - купальник; to swim - купаться
switch off - выключить
symbol - символ
table - стола *(gen)*; столе *(prep)*, столика *(gen)*, столом *(inst)*
tail - хвостом *(inst)*
take - берут, забрать
take *(smth or smb somewhere by transport)* - везти
take (they) - берут, занимают
take a risk - рисковать
take a walk - погулять, пройтись
take away, to clean - убрать
take by transport - везти, отвезти, довезти
take with you - захвати *(imp)*
takes - берёт, занимает
takes (by transport) - отвозит
takes away - забирает
takes off - снимает
takes out of (vehicle) - выгружает
takes to bed - укладывает
talent - талант
talk - беседуют, разговаривают
talk to - обращаются
talk, to speak - поговорить
talking - говорящий
tasks, assignments - задания
taste - попробовать
tasty - вкусная *(adj)*; вкусным *(inst)*, вкусно *(adv)*, вкусную *(acc)*, вкусный
taxi - такси
taxi driver - таксист; таксиста *(gen)*; таксисту *(dat)*
tea - чай, чаю *(gen)*
teacher - учитель; учителю *(dat)*
teachers - преподаватели; teacher - преподаватель; преподавателю *(dat)*
teaches - преподаёт

telephone - телефон
tell - рассказать, сообщают / сообщить
tell, say - скажите *(imp)*, говорить
tells - рассказывает
temper - характер
temporary - временно
ten - десять
tenth - десятом *(prep)*
terms, language - языке *(prep)*
terribly - ужасно; terrible - ужасный
territory - территорию *(acc)*
terror - ужас
test - контрольную; контрольных *(plr gen)*, контрольные, тест, тестовое *(adj)*
textbook - учебник
than - чем
thank - поблагодари *(imp)*
thanks - благодарит, спасибо
that - тот, ту *(acc)*
that, who, which - которая *(fem)*; которой *(prep)*; которую *(acc)*; которые *(pl)*; которых *(pl gen)*; который *(masc)*, котором *(prep)*, которым *(inst)*
the fact is that - дело в том, что
the last - последнюю *(acc)*
the most - самое
the, such - такими
their - их
them - им *(dat)*, ними *(inst)*, них *(gen)*
then - затем, потом, тогда
then, it means - значит
there - там; there *(direction)* - туда
these - эти, этих *(acc)*
they - они
they come (on foot) - приходят
they name - называют
they pass - проходят
thin - тонкой *(inst)*
thing - вещь, штука
things - вещей *(gen)*, вещи, действий *(gen)*
think - думать
think (I) - думаю
think out - придумать
thinking, judgment, mind - рассудок
thinks - думает, задумывается
third - третьем *(inst)*, третья
thirteen - тринадцать

this - так_о_е, _э_та, _э_тим *(inst)*, _э_той *(gen)*, _э_тот *(masc)*; _э_того *(acc)*, _э_ту *(fem acc)*
this, such - так_а_я
though - хоть
thought - д_у_мала, д_у_мали, мысль, под_у_мал/под_у_мала
thoughtfully - зад_у_мчиво
thoughtless, careless - безд_у_мно
thoughts - м_ы_слями *(inst)*
thread - н_и_ткой *(inst)*
three - три; трёх *(gen)*
three times - тр_и_жды
threshold - пор_о_ге *(prep)*
throw out (they) - выбр_а_сывают
throws back - отбр_а_сывает
ticket - бил_е_т
tie - привяз_а_ть / прив_я_зывать; tied - привяз_а_л *(past)*; tied - прив_я_зана *(past part)*
ties - прив_я_зывает
tight - кр_е_пко
till - до
time - вр_е_мени *(gen)*, вр_е_мя; one time - раз
tired - уст_а_вшим *(inst)*
tired (she is) - уст_а_ла
to - к, ко
to a father - п_а_пе *(dat)*; п_а_пы *(gen)*
to a nanny - н_я_не *(dat)*; н_я_ней *(inst)*
to a salesman - продавц_у_ *(dat)*
to her - ей *(dat)*
to his *(reflexive pronoun)* - сво_е_му *(dat)*
to the right - напр_а_во
to you - вам, теб_е_
today - сег_о_дня
today's - сег_о_дняшний
together - вм_е_сте
told, said - сказ_а_ли
tomato - том_а_тного *(gen)*
tomorrow - з_а_втра
too - сл_и_шком; т_о_же
took off - снял
took out - достав_а_ла/дост_а_ла; takes out - достаёт
tooth - зуб
top, roof - кр_ы_шу *(acc)*
top-notch - кл_а_ссным *(inst)*
tore - рвал
tore apart - порв_а_л
tourniquet - жгут

towards - навстр_е_чу
towel - полот_е_нце
toy - игр_у_шечной *(adj prep)*
toys - игр_у_шки
traditions - трад_и_циями *(inst)*
Train - п_о_езд; п_о_езде *(prep)*
trained - трен_и_рованным *(inst)*
tram - трамв_а_е *(prep)*
translate - перевест_и_
translation - перев_о_да *(gen)*
transport - тр_а_нспорте *(prep)*
trash - м_у_сорный; м_у_сорному *(dat)*; м_у_сорным *(inst)*
travel - путеш_е_ствовать
treat (they) - отн_о_сятся
treats - л_е_чит
tree - д_е_рева *(gen)*; на д_е_реве *(prep)*; к д_е_реву *(dat)*
tried - попр_о_бовал
tries - пыт_а_ется
triumphs - торжеств_у_ет
truck's - грузовик_а_ *(gen sng)*
true - верн_а_, пр_а_вда
true, real - насто_я_щий
trunk - баг_а_жник
truth - пр_а_вду *(acc)*
try one's best - _и_зо всех сил ст_а_раться
tube - т_ю_бик
Tuesday - вт_о_рник
tulips - тюльп_а_ны; тюльп_а_нами *(inst)*; тюльп_а_нов *(gen)*
tunnel - тунн_е_ль
turn - поверн_и_те *(imp)*
turn away - отвор_а_чиваются
turn off, to close - закр_ы_ть
turn on - включ_а_ть
turns - повор_а_чивает
turns around - обор_а_чивается
turns out well - получ_а_ется
turns pale - бледн_е_ет
twenty - дв_а_дцать
Twitter - Тв_и_ттере
two - два, две, двух *(acc)*
two (people) - дво_и_м *(dat)*
two hundred - дв_е_сти
two people together - вдвоём
unchecked - непров_е_ренное
uncivilized (something) - д_и_кость

uncle - дяде *(dat)*; дяди *(gen)*, дядей *(inst)*
understand - понять; understand (you) - понимаешь, понимаете
understands - понимает
understood - понял
unfortunately - к сожалению
uniform - униформе *(prep)*
unintelligible - непонятном *(prep)*
unpleasant - неприятный
unusual - необычными *(inst)*
upset - расстроен
urgently - срочно
us - нам *(dat)*, нас
use (I) - пользуюсь
uses - пользуется
usually - обычно
vacation - каникулах *(prep)*
vaccinations - прививки
valuable - дорогие
various - различные
vegetables - овощами *(inst)*; vegetables - овощей *(gen)*; vegetables - овощи
very - весьма, очень, сильно
village - деревне *(prep)*
visit - посетить; visits - посещает
visits - визиты
voice - голос; голосом *(inst)*
wadding - ватой *(inst)*
wait - ждать, подожди *(imp)*
wait (they) - ждут
waiter - официант
waits - ждёт
wakes up - будит, просыпается
walk (they) - гуляют
walking - хождений *(gen)*
walks - бродит
walks around - обходит
walks away - отходит
want (they) - хотят
want (we) - хотим
want (you) - хотите
wanted - хотел; wants - хочет; I want - хочу
wanted - хотела, хотели
warn - предупредить
was - был, было
was afraid - боялся
was sitting - сидел; is sitting - сидит
was talking/talked - разговаривал

was watching - смотрел
washes himself/herself - умывается
washes, cleans - моет
watch, clock - часы
watches - наблюдает, охраняет; to watch - охранять
water - водой *(inst)*, воду *(acc)*
way - дорога; дороге *(prep)*; дорогу *(acc)*, дороги *(gen)*
we - мы
weather - погода
Wednesday - среду *(acc)*
week - неделю *(acc)*
weekend, days off - выходные
well - ну
well-fed - упитанный
went - поехали, пошли, ушли, ходили
went out - вышел
went away - уходила
were - были
wether, if - ли
what - что, какая, какое, какой, чём *(inst)*
wheel - колесо; колеса *(gen)*; колесе *(prep)*
wheels - колёса; without wheels - без колёс *(gen)*
when - когда
where - где
where from - откуда
where to - куда
which - какую
white - белый / белая; белой *(fem inst)*
who - кто
whole - весь, всю *(acc)*, вся; for the whole - для всей
whole, all - вся, целый; whole, everything - полностью
why - зачем, почему
wide(ly) - широко
wife - жена; жене *(dat)*; женой *(inst)*
will - будешь, буду
will (be) - будет
will (you) - будете
will accompany (I) - проведу
will admit (I) - признаюсь
will agree - согласится
will ask (we) - спросим
will ask (you) - спросите
will be forgiven - простят

147

will bite - укусит
will cheat (you) - обманешь
will come - придёт, зайдёт, приедет; to come, to drop in - зайти, прийти
will come (I) - приду, приеду
will do (I) - сделаю
will find (we) - найдём
will get (they) - получат
will go (I, by transport) - поеду
will happen - случится
will leave - уйдёт
will like - понравится
will meet - встретимся; to meet - встретиться
will notice (I) - замечу
will pack/wrap (I) - заверну; to wrap/pack - завернуть; packs/wraps - заворачивает
will play - сыграет
will recognize (I) - узнаю
will resolve - разрешит
will take - возьмёт, заберёт; will take (I) - возьму, заберу
will take a walk (we) - погуляем
will tell (I) - передам
will tie (I) - привяжу; tied - привязывал; is tied - привязан
will turn (you) - свернёте
will want - захочет
window - окна *(gen)*; window - окно; window - окном *(inst)*
wipe - вытирайте *(imp)*
wise - мудрое
wish - желаю
with - с, со
with caution - с опаской *(inst)*
with difficulty - с трудом
with two - двумя *(inst plr)*
without - без
woman - женщина; женщину *(acc)*; женщины *(gen)*
wonder - интересно

wonderful - чудесный
word - слова *(gen)*
work - произведениеl; произведения *(gen)*; произведениями *(inst plr)*, работа; работах *(plr prep)*, работе *(prep)*, работу *(acc)*; работы *(gen)*
work part time - подработать
work, business - дела *(pl)*
worker - работника *(gen)*
works - работ *(gen plr)*, работает; (I) work - работаю
worried - взволнована
worries - волнуется, переживает
worry - беспокойся *(imp sng)*; беспокойтесь *(imp plr)*, волноваться, волнуйся *(imp)*, волнуйтесь *(imp)*, волнуюсь, волнуются
would - бы
would like - хотелось бы
write - написать; write (they) - пишут
writer - писатель
writes - пишет
writes, inscribes - подписывает
writing - написание; written - написанное
wrote - написал, написали
yard - двор; in the yard - во дворе *(prep)*
year - год, году *(prep)*
years - лет *(gen)*
yellow - жёлтых *(gen plr)*
yesterday - вчера
yesterday's - вчерашнее
yo everybody - всем
you - вами *(inst sng)*, вас *(acc)*, вы *(plr)*, тебя *(acc)*, тобой *(prep)*
you are welcome, please - пожалуйста
you know - знаете
young - молодую *(acc fem)*
younger - младшей *(dat)*; opinion - мнение
your - ваш, ваша, ваше, вашей *(gen)*, ваши, вашими *(inst)*, твоём *(prep)*, твои, твой, твоим *(plr inst)*, твоя
Zeus - Зевс

Recommended books

First Russian Reader (Volume 1)
bilingual for speakers of English
Elementary Level (A1 and A2)

There are simple and funny Russian texts for easy reading. The book consists of Elementary and Pre-intermediate courses with parallel Russian-English texts. The author maintains learners' motivation with funny stories about real life situations such as meeting people, studying, job searches, working etc. The ALARM method (Approved Learning Automatic Remembering Method) utilize natural human ability to remember words used in texts repeatedly and systematically. The author had to compose each sentence using only words explained in previous chapters. The second and the following chapters of the Elementary course have only 30 new words each. Audio tracks are available inclusive on www.lppbooks.com/Russian/FirstRussianReader_audio/En/

First Russian Reader (Volume 2)
bilingual for speakers of English
Elementary Level (A2)

This book is Volume 2 of First Russian Reader for Beginners. There are simple and funny Russian texts for easy reading. The book consists of Elementary course with parallel Russian-English texts. The author maintains learners' motivation with funny stories about real life situations such as meeting people, studying, job searches, working etc. The ALARM method (Approved Learning Automatic Remembering Method) utilize natural human ability to remember words used in texts repeatedly and systematically. Audio tracks are available inclusive on www.lppbooks.com/Russian/FirstRussianReaderVolume2_audio/En/

Second Russian Reader
bilingual for speakers of English
Pre-Intermediate Level (A2 and B1)

If you already have background with Russian language, this book is the best one to try. It makes use of the so-called ALARM or Approved Learning Automatic Remembering Method to efficiently teach its reader Russian words, sentences and dialogues. Through this method, a person will be able to enhance his or her ability to remember the words that has been incorporated into consequent sentences from time to time. Audio tracks available on the publisher's homepage free of charge will teach you Russian pronunciation. The author of this book used every opportunity to use the words used in the previous chapters to explain the succeeding chapter. Audio tracks are available inclusive on www.lppbooks.com/Russian/SecondRussianReader_audio/En/

Learn Russian Language Through Dialogue
bilingual for speakers of English
Elementary Level (A1)

The textbook Learn Russian Language Through Dialogue gives you many examples on how questions in Russian should be formed. It is easy to see the difference between Russian and English using parallel translation. Common questions and answers used in everyday situations are explained simply enough even for beginners. A lot of pictures with vocabulary and some sayings and jokes make it engaging despite six cases that make Russian a little difficult for some students. Audio tracks are available inclusive on
www.lppbooks.com/Russian/Russian_Questions_and_Answers_audio/En/

First Russian Medical Reader
for Health Professions and Nursing
bilingual for speakers of English
Elementary Level (A1 and A2)

If you took Russian in high school or university and need Russian for your career in the medical or health field, you need to update your vocabulary and phrases to a professional level. First Russian Medical Reader for Health Professions and Nursing will give you the words and phrases necessary for helping patients making appointments, informing them of their diagnosis, and their treatment options. Medical specialties range from ENT to dentistry. Supplementary resources include the Russian/English and English/Russian dictionaries. Use this book to take your Russian knowledge to the health professional's level. Audio tracks are available inclusive on www.lppbooks.com/Russian/FRMR/En/

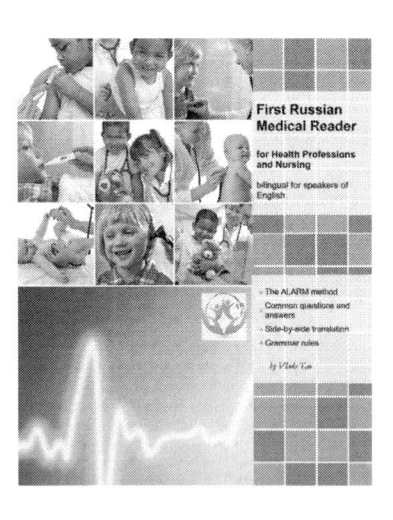

Russian Reader for Cooking
bilingual for speakers of English
Elementary Level (A1 and A2)

When learning a language, familiarity in the subject helps connect one language to another. Russian Reader for Cooking provides the words and phrases in both English and Russian. Twenty-five chapters are divided into themes and topics related to cooking and food. Recipe directions along with easy questions and answers demonstrate the usage of these words and phrases. Supplementary resources include the Russian/English and English/Russian dictionaries. It might make you hungry or it might help Russian language learners like you improve their understanding in a familiar setting of the kitchen. Audio tracks are available inclusive on
www.lppbooks.com/Russian/FRRC/En/

First Russian Reader for Tourists
bilingual for speakers of English
Elementary Level (A1)

If you would like to travel and learn Russian at A1 level, this book is a good choice. Unlike a phrasebook, it is composed with the thought of systematic learning approach. The book makes use of the so-called ALARM or Approved Learning Automatic Remembering Method to efficiently teach its reader Russian words, sentences and dialogues. Through this method, a person will be able to enhance his or her ability to remember the words that has been incorporated into consequent sentences. By practicing this method, Russian can be learned in a convenient way. Audio tracks are available inclusive on www.lppbooks.com/Russian/FRRT/En/

First Russian Reader for Business
bilingual for speakers of English
Elementary Level (A1 and A2)

The Russian you learn in high school or college does not always include the vocabulary you need in a professional environment. The First Russian Reader for Business is a resource that guides conversational bilinguals with the Russian vocabulary, phrases, and questions that are relevant to many situations in the workplace. With 25 chapters on topics from the office to software and supplementary resources including the Russian/English and English/Russian dictionaries, it is the book to help the businessperson take their Russian language knowledge to the professional level. Audio tracks are available inclusive on www.lppbooks.com/Russian/FRRB/En/

Printed in Poland
by Amazon Fulfillment
Poland Sp. z o.o., Wrocław